INICIARTE

AF283034

Las sembradoras

Mateo Chica

Junta de Andalucía
Consejería de Turismo, Cultura y Deporte
Agencia Andaluza de Instituciones Culturales

JUNTA DE ANDALUCÍA

Consejero de Turismo, Cultura y Deporte
Arturo Bernal Bergua

Viceconsejero de Turismo, Cultura y Deporte
Víctor Manuel González García

Secretario General para la Cultura
Salomón Castiel Abecasis

Delegada Territorial de Turismo, Cultura y Deporte en Sevilla
Carmen Ortiz Laynez

Gerente de la Agencia Andaluza de Instituciones Culturales
Francisco Javier Rivera Rodríguez

PROGRAMA INICIARTE

Agencia Andaluza de Instituciones Culturales

Comisión de Valoración de Proyectos 2023:

Iris Brouwer, Sergio Aguilar Pereira, José Luis Pérez Pont, Carlos TMori y Eva González

EXPOSICIÓN

Instituto Andaluz del Flamenco

Casa de Murillo

Producción

Agencia Andaluza de Instituciones Culturales

Eva González Lezcano
Isabel Villanueva Romero

Montaje

IdeasKreativa

CATÁLOGO

Edición

Consejería de Turismo, Cultura y Deporte. Junta de Andalucía

Textos

María Terrón Caracuel

Traducción

Deirdre B. Jerry

Fotografías

Paqui Gallardo Caparrós

Diseño editorial

Francisco José Romero Romero

Agencia Andaluza de Instituciones Culturales. Diseño

Producción

Agencia Andaluza de Instituciones Culturales

Imprime

Masquelibros, S.L.

ISBN 978-84-9959-476-7

Depósito Legal: SE 2230-2023

ÍNDICE

Las sembradoras es una propuesta artística incluida en el programa Iniciarte de la Agencia Andaluza de Instituciones Culturales dependiente de la Consejería de Turismo, Cultura y Deporte. Este programa promueve la creación joven en Andalucía mediante el desarrollo de proyectos expositivos que ayudan a visibilizar el arte más reciente.

Mateo Chica explora las influencias del folclore andaluz y la mentira contemporánea en los procesos de creación artística actuales. En este contexto, utiliza el embuste como una forma de mentira asociada al flamenco oral. Este, se transmite con la intención de alejar al receptor del tiempo real, sumergiéndolo en una ficción atractiva que lo transporta a un rincón imaginario de posibilidades. En la creación de esta tradición ficticia subyace un anhelo por preservar las tradiciones populares de España que están en peligro de perderse, contribuyendo así a la reconstrucción de la memoria colectiva.

Arturo Bernal Bergua
Consejero de Turismo, Cultura y Deporte
Junta de Andalucía

DE CÓMO SE ENJARETA UN EMBUSTE
María Terrón Caracuel

El Embuste

Se miente más de la cuenta
por falta de fantasía:
también la verdad se inventa.

Antonio Machado

Para construir sus ficciones, Mateo Chica, utiliza lo que ha dado en llamar «el método del embuste». Para el artista, la base teórica de dicho método se asienta en una declaración que el cantaor Benito Rodríguez Rey, conocido como El Beni de Cádiz, realizó en una entrevista que tuvo lugar en 1988 de la mano de Jesús Quintero en el primer episodio de El perro verde, emitido por TVE. Tras contarle un amigo una historia rocambolesca, El Beni le preguntó si eso era verdad, a lo que el amigo contestó: «hijo, eso es una mentira como una casa, pero yo lo cuento, Beni, ¿para qué? Para que te distraigas».

Cuando murió tan ilustre personaje, Jesús Quintero le dedicó un capítulo de *Memorias del loco*, en el que recopiló algunos de los mejores momentos de todas las entrevistas que le había hecho a lo largo de su vida, que fueron muchas.

> Siempre me sedujeron los charlatanes, los fabuladores, los narradores que iban por las plazas de los pueblos transformando la mentira en un arte. Decía Antonio Machado que también la verdad se inventa, y yo puedo asegurar que no he conocido a nadie que tuviera tanta capacidad para inventar la verdad como el Beni de Cádiz, dice Quintero.

Resulta difícil discernir si los recuerdos de El Beni son verdaderos o no, lo que sabemos es que, al menos algunos, hacen pie con la realidad. Es necesario resaltar las grandes dotes interpretativas de El Beni para la narración. La palabra es atrezada con un inmenso catálogo de onomatopeyas, gestos, muecas, imitaciones y puestas en escena que mantienen la expectación del que mira y escucha hasta que estalla la carcajada. Sus relatos se presentan siempre oportunos y diferentes cada vez que los cuenta. Según sus compañeros de profesión, El Beni también improvisaba en su cante, «no cantaba nunca igual», dice el cantaor Rancapino. En ocasiones, su gusto por la exageración o su carácter imprevisible revelaban el embuste, aunque eso no tiene la menor importancia, pues la verdad aquí carece de valor. Como dice Raúl Rodríguez Ferrándiz, «las personas embusteras mienten con elegancia con el fin de ser descubiertos[1]».

Mítica es ya la anécdota en la que le cuenta a Quintero que conoció al científico escocés Alexandre Fleming, el inventor de la penicilina, en una fiesta. Fleming, lo miró con unos ojos enormes, «como los faros de un Land Rover» y El Beni, con gestos de reverencia, le dijo: «¡pedazo de monstruo!» Y para apoyar su historia le dice al entrevistador: «verídico, ahí está Lola Flores que te lo puede contar». Y es que, según relata, fue la propia Lola quien los presentó.

Lola Flores no se queda atrás en el asunto de los embustes. «Ni canta, ni baila, pero no se la pierdan», contó La Faraona que había publicado la crítica del *New York Times* a su paso por América y quedó grabada en la memoria colectiva, la hemos repetido hasta la saciedad. Sin embargo, la famosa frase nunca fue publicada en el periódico. «Cuando yo digo las mentiras, las convierto en verdad», afirmó Lola en el programa Cantares.

Hay algo precioso y noble en el embuste, y es que a diferencia de la mentira, siempre guarda buenas intenciones. Como hemos visto hasta ahora, cumple la finalidad de entretener y a menudo se acompaña de un destacado sentido del humor. Es un generador de ficciones y de auto-ficciones, ya que la persona que narra el embuste tiende a situarse como protagonista del relato en una búsqueda por el reconocimiento del público. Por añadidura, está íntimamente ligado a la tradición oral y, por extensión, a lo flamenco. Viene a ser algo así como una juntura de tradición y entelequia, y lo que me resulta más interesante: una invención benigna que funciona como metáfora; que vehicula una verdad a través de la fantasía.

La Palabra

La querencia de Mateo Chica por la palabra escrita sobresale en toda su producción. En esta exposición entrevera vocablo e imagen para embustearnos, pero también para alumbrarnos. En el documental, *Las sembradoras*, vemos que los personajes hablan, aunque no los oímos. Podemos seguir lo que dicen a través de los subtítulos, pues

---

[1] Rodríguez Ferrándiz, R., (2018), *Máscaras de la mentira: el nuevo desorden de la posverdad*, Ajuntament de Valencia, p.73.

el sonido que lo acompaña es instrumental y solo al final este se acompasa con el lenguaje para arrullarnos con una nana. Todo junto genera una sensación de ligera extrañeza. Si nos fijamos bien, descubrimos que el movimiento de labios que realizan cada uno de los personajes difiere de lo que se supone — lo sabemos por los subtítulos— que están diciendo, aun cuando la gestualidad de las actrices parece acompañar. Hay que ser muy fino para lograr eso.

Ahora, no es intención del artista engañarnos con malas artes, prueba de ello es que el guión del documental también se muestra en sala. Aunque la antigüedad visible del papel y el hecho de que esté mecanografiado con una máquina de escribir puede hacernos pensar que, efectivamente, data del tiempo en el que se ambienta la película, no debemos pasar por alto que en él podemos leer los diálogos que, supuestamente, son manifestaciones espontáneas de las mujeres que aparecen en él.

Antes hemos comentado que el embuste no tiene vocación de continuidad, sino de anunciación. Sin dejar lugar al equívoco, Mateo insiste. Un primer texto contextualiza la pieza *Las sembradoras*:

> Primavera de 1963.
>
> Un documentalista extranjero, cuyo nombre no hemos podido averiguar, manifiesta la existencia de una población andaluza desconocida, o más bien apartada del sistema. Las habitantes de este lugar recóndito mantienen unas tradiciones poco ortodoxas para la época. «Las sembradoras», se las llamó.
>
> Conocemos sus nombres de pila, pero su origen es incierto. No se mienta nunca el la cartografía del lugar. Ignoramos si continúan allí —ajenas a nuestro mundo, recogiendo su apreciada rosa—.

Inmediatamente después de este texto, otro apunta al embuste:

> —Hijo, ¿y todo esto es verdad?
> —Esto es una mentira como una casa, pero yo te lo cuento para que te distraigas.

Y finalmente:

> Efectivamente, todo el material que está viendo usted en esta exposición es material falso. Ha sido creado a través de

Embustes, es decir; una mentira creativa que se sirve de la investigación imaginativa para lograr una ficción en la que poder habitar.

Así, el artista no solo nos pide que nos entreguemos al disfrute del embuste, también nos invita a indagar la investigación imaginativa. Nos está trasladando la metodología a seguir, como se hace en la tradición oral y como hacen las tradiciones en general: transmitir una enseñanza que funciona a través de lo lúdico y festivo en muchos casos.

Alumbramientos

La tradición oral es un sustento en la actividad creativa de Mateo. Se suele decir que lo que no se nombra no existe o, como sostiene Heidegger, que cuando nombramos tomamos consciencia. Dice Pedro Ordoñez que a los lugares de la memoria se llega por senderos escarpados y que tanto la memoria individual como la memoria colectiva, basan sus mecanismos en la capacidad para narrar y compartir un evento traumático[2]. «Las ficciones que imagino y creo son, a mi parecer, alumbramientos del pasado que se manifiestan a través de mi boca[3]», dice Chica.

A Mateo le prendan las historias pequeñas, cotidianas. Tal vez, como muchas personas de mi generación, el interés por las tradiciones y el folclore se deba a la íntima relación que algunas hemos tenido con nuestros abuelas y abuelos, sobre los que muchas veces han recaído gran parte de nuestros cuidados debido a la incompatibilidad de la vida laboral con el desarrollo personal y con la vida familiar. Sé, porque me lo ha contado, que para él son muy importantes y que los recuerdos del tiempo que pasó con ellos durante su infancia siembran muchas de sus obras. Ocurre que parecemos haber heredado una nostalgia por un pasado que no hemos vivido, pero que ellos sí, y que nos han transmitido a través de relatos que en algunas ocasiones, imagino, estaban destinados no solo a la rememoración o la transmisión de enseñanzas, sino también —como decía El Beni— a entretenernos. De nuevo la tradición oral. En una de nuestras charlas, me contaba Mateo que él organizaba espectáculos para ellos: cantaba, toreaba al can familiar a pesar de salir siempre escaldado, memori-

---

2 Ordoñez Eslava, P., (2017), *Apología de lo impuro. Contramemoria y f[r]icción en el Flamenco contemporáneo*, Beca Investigación en Folclore, CIOFF/INAEM, 2020, P. 24.

3 Chica Blázquez, M., trabajo inédito cedido por el autor.

zaba poesías para después recitarlas y recibir el ansiado aplauso de su selecto público. Tal vez podamos situar también aquí la tendencia de Mateo hacia la performance.

El artificio, la tradición y el fakelore[4]

Actualmente hay un renovado interés por el folclore en nuestro país que se manifiesta de muy diversas formas en nuestra cultura. Quizá sea temprano para diagnosticar con precisión a qué se debe, sin embargo, algo que resulta muy evidente es que las generaciones más jóvenes; las llamadas Generación Millennial y Generación Z —a la que, por cierto, pertenece Mateo—, han logrado connotarla de una forma mucho más positiva que las generaciones anteriores, más cercanas en el tiempo a la creación por parte del franquismo de una «identidad única» de «lo español» y sus ligaduras con ideas políticas y religiosas muy concretas. También cabe suponer que esta puesta en valor del folclore por parte de la cultura sea una reacción a la uniformidad estética que durante unos años ha impuesto la globalización, aunque no quiero decir con ello que dicho interés se circunscriba únicamente a lo estético, todo lo contrario: las raíces son profundas. En cualquier caso, se ha producido un nuevo imaginario simbólico sobre las ruinas, en el que se está planteando colectivamente qué cosas nos resultan valiosas y queremos preservar y cuales no.

En este sentido, el arte flamenco incorporó y proyectó una reflexión en torno a lo identitario y a su rol histórico y político desde su origen como sistema artístico y campo de producción a mediados del siglo XIX. Cantaores como Enrique Morente, José Menese o Manuel Gerena, recuperaron «la memoria individual y colectiva del conflicto civil para los vencidos, cuya memoria fue ocultada durante el franquismo, cuando los únicos que fueron libres de recordar colectivamente y de manera simbólica en la rememoración pública del conflicto fueron exclusivamente los vencedores»[5].

En este transcurrir, también podemos hablar de contra-memoria: «la contra-memoria mira al pasado, hacia las historias ocultas, excluidas de las narrativas dominantes»[6]. Esta idea promueve la búsqueda de

---

4 Unión de la palabra *fake*, cuya traducción del inglés es «falso», con folclore.

5 Ordoñez Eslava, P., *op. cit.*, p. 16

6 López, M.A., *Robar la historia. Contrarrelatos y prácticas artísticas de oposición*, citado en: Ordoñez Eslava, P, *op. cit.*, p. 25.

un relato alternativo construido en los márgenes, en las periferias, en lo local, «desde la memoria de regiones periféricas o colectivos social e históricamente marginados [...] que el curador peruano Miguel Ángel López observa en las prácticas artísticas "de oposición": serle infiel a la historia, traicionarla, tomar el control de su aparato narrativo». Aquí cabe hablar también de la microhistoria, que escapa del discurso hegemónico y permite, por tanto, realizar nuevas lecturas que, a menudo, se muestran creativas.

Esa nueva concepción del folclore se está gestando desde las artes; está favoreciendo y fijando un nuevo imaginario simbólico en la sociedad. Y que —como ya se hiciera en el siglo XX— esta política del simulacro lo está situando en un marco identitario opuesto: en las disidencias.

En una entrevista publicada en el *El Salto*, dice Paul B. Preciado:

> Cuando estás fuera de la norma, si quieres sobrevivir, tienes que construirte con la imaginación política, te tienes que construir con la ficción [...] La imaginación te sirve para resistir a la normalización. No solo porque tú te imagines, porque lo pongas como una una especie de modelo y luego te construyas, sino que es un relato que te permite sobrevivir a la norma.

A mi parecer, lo que venimos hablando con anterioridad tiene mucho que ver con el trabajo desarrollado por José Pérez Ocaña, conocido artísticamente como Ocaña. La gran figura de la contracultura catalana, supo reapropiarse desde lo marginal de la iconografía religiosa, a la que llamaba «fetiches», que reinaba el imaginario de su Andalucía natal. El régimen represivo y totalitario no pudo, pese a señalarlo y desterrarlo, arrebatarle el recuerdo de la alegría de sus fiestas populares, que poblaron sus obras. Lo flamenco, que aprendió de las mujeres de Cantillana —su pueblo— y el papel que estas desempeñaban en las fiestas —religiosas o paganas— determinan, junto a una iconografía basada en la cultura popular andaluza, su discurso artístico.

La tradición tiene mucho que ver con el artificio. Existe el término de «tradición inventada», que según Eric Hobsbawm,

> implica un grupo de prácticas, normalmente gobernadas por reglas aceptadas abierta o tácitamente y de naturaleza simbólica o ritual, que buscan inculcar determinados valores o normas de comportamiento por medio de su repetición, lo

cual implica automáticamente continuidad con el pasado. De hecho, cuando es posible, normalmente intentan conectarse con un pasado que les sea adecuado[7].

Las ficciones históricas comenzaron con la escritura, como atestigua el Poema de Gilgamesh[8]. No obstante, es el siglo XIX cuando, con el fomento constructivo del Estado-Nación, el debate se moldeó como teoría.

> Multitud de tradiciones populares [folclore] son el resultado de las lecturas políticas sobre la noción del «pueblo» durante el siglo XX, cuyas esencias transmiten los orígenes míticos de una sociedad. Muchas de ellas son simples invenciones basadas en borrosas costumbres de antaño. Richard Dorson las denominó fakelore en su ya célebre trabajo sobre la actitud del etnólogo al interpretar ciertas tradiciones[9].

Esto ha tenido continuidad hasta nuestros días, especialmente en el mundo de las artes —también en el de la ciencia—. Anthony Grafton, sostiene que lo falso ha jugado un papel capital en la historia de la política, de las religiones y la literatura, hasta el punto de perder el centro en la definición para trasladarse a los significados que aporta, pues la falsificación creativa no deja de ser un canal de crítica. Esto es similar a lo que ocurre con los embustes o con las tradiciones inventadas de las que venimos hablando. Hay numerosas características que comparten el embuste, lo falsario, el simulacro, el artificio, la veroficción, pero vamos a resaltar que todo esto —que podemos agrupar dentro de lo fake— , en las prácticas artísticas, plantea el estudio de nuevas formas de la verdad[10]. Es precisamente lo que ocurre con la investigación imaginativa que practica Mateo Chica: en el aparente academicismo que respira el proyecto, se desliza el trajín entre lo veraz y lo falaz para subvertirlo y parodiarlo, pues esquiva los fines que persigue y, a pesar de todo, la tesis resultante no es espuria. Si atendemos a la etimología, descubrimos que ficción y fingir proceden de *fingere*, que en latín significan «amasar» y «modelar», es de-

7 Hobsbawm, E. y Ranger, T., (2012), *La invención de la tradición*, Libros de historia, Barcelona, p. 8.

8 Datado entre el 2500 y el 2000 Antes de la Era Común.

9 Marzo, J. L., (2018), *La competencia de lo falso*, Ediciones Cátedra, Madrid, p. 104.

10 Marzo, J. L., *op. cit.*, pp. 65-69.

cir; crear la apariencia de algo o simularlo[11]. De tal suerte que en ese proceso de imitación, de fingimiento, media la ficción y esta puede significar tanto «invención» como «cosa fingida», por tanto, el modelo inicial sobre el que se imagina o se imita siempre será diferente del resultado, pues este está adulterado con respecto al «original».

El Archivo

Desde el último tercio del siglo XX hasta nuestros días, los ejercicios de memoria han encontrado en el archivo una vía creativa para «recoger y transformar el material histórico oculto, fragmentario o marginal en un hecho físico y espacial»[12]. Es, además, un formato legitimador para la historia cultural y un sistema de «enunciabilidad» a través del cual la cultura habla del pasado, como sostuvo el filósofo Michel Foucault[13].

Tanto en este trabajo, como en los anteriores, Mateo Chica ha basado su práctica artística en un archivo que convive íntimamente con la autobiografía, la autoficción y la *performance*. *Las sembradoras* se presenta como material encontrado, aunque en realidad es material construido. Ofrece las claves para interpretar una tradición desconocida hasta el momento. Por una parte, el documental aporta información de primera mano que implica a los personajes que sostienen dicha tradición. La imagen grabada y la fotografía son las técnicas que, entendemos, más se asemejan a la realidad. Si bien, la imagen sirve a lo falaz tanto como lo hace la palabra. Por otra parte, los dibujos proyectados en la linterna mágica motivan que el público sitúe automáticamente esa tradición en un pasado lejano, no es casual que estos tengan una estética similar a las ilustraciones medievales y que sean proyectadas por una máquina analógica en desuso. Al mismo tiempo, ese pasado en el que nos sitúa es impreciso.

Todas las piezas que integran esta exposición funcionan como documentos que atestiguan una realidad y dan pábulo al embuste. Como formula el artista, Joan Fontcuberta, no deja de ser «una ficción con apariencia de verdad que se infiltra en los dispositivos de transmisión de información y se camufla bajo la apariencia de un

---

[11] Rodríguez Ferrandiz, R., *op. cit.*, p. 67.

[12] Guasch, A. M., (2005), "Los lugares de la memoria: el arte de archivar y de recordar", *Revista del Departamento de Historia del Arte*, Universidad de Barcelona, vol.5, p. 157.

[13] *Op. cit.*, p. 157.

género familiar y reconocible»[14]. Así, las fotografías que se proyectan en sala, son en realidad fotomontajes; es decir, son documentos «verídicos» adulterados por el artista.

El archivo está sujeto a la mirada subjetiva de las personas que observan, pues al estar compuesto de fragmentos necesita ser interpretado. Asimismo, como dice Georges Didi-Huberman, la naturaleza del archivo es albergar lagunas, de modo que esto lo convierte en una fuente inagotable de lecturas. Además, en este caso, debemos tener en cuenta que estas piezas se erigen sobre el imaginario simbólico particular del artista, por lo que muchos de los códigos y símbolos propios que utiliza quedan aún más abiertos a la interpretación.

Inventar la Verdad

¿Alguna vez han oído aquello de que el surrealismo es el realismo del sur? En esta puesta en valor de lo tradicional asociado a la tierra, y particularmente en Andalucía por lo que nos ocupa, desde la literatura y el cine se está apostando por el realismo mágico. Ocurre en *Las sembradoras*, que un hecho fundacional de visos mágicos sustenta el rito.

Al principio, el pueblo sin nombre estaba dividido en dos aldeas que luchaban por la *Rosa Mutabile*, hasta que La Mangara, guiada por una fuerza ancestral, descubrió que las mujeres debían ser los pájaros que protegieran la flor de la disputa —«había sido una mujer sin miedo la que había descubierto el misterio»— y se convirtió en uno.

Desi, maestra de pájaros y gran conocedora de la flor, enseñó a las siguientes generaciones cómo mantener la tradición. Una de las vecinas dice que en el pueblo no hay iglesias y que sus tradiciones son paganas. Lo que conocemos es que dicho pueblo parece encontrarse en Andalucía, tierra históricamente rica en practicar conductas mágicas, marcadas por una singularidad que les confiere identidad propia. A las brujas, en Andalucía, se las llamó hechiceras, pues muchas de ellas compartían la extravagancia de ser religiosas al tiempo que realizaban prácticas paganas. El discurso de estas mujeres no es casual, sino que se encuentra ligado a una serie de dinámicas que se producen en el ámbito de lo doméstico. Las mujeres que atesoran esas costumbres y esos conocimientos, los mantienen protegi-

---

[14] Fontcuberta, J., citado en Ordoñez, P., p. 74.

dos del exterior por un pacto; el del silencio —«sus propiedades son únicas [de la Rosa Mutabile], pero eso no te lo puedo contar», dice la Sibila—. Los sortilegios se murmuran.

Todo ello genera una colección de artefactos culturales que al exterior pueden resultar exóticos, pero que al interior canalizan —mediante la metáfora— sentimientos y enseñanzas que no pueden ser explícitamente mentadas al resto de la sociedad y que, en cambio, son vitales y necesarias para la supervivencia. Las personas que participan de esa logia secreta, serán las que transiten los márgenes. Y en esto hay otra cuestión primordial que tiene que ver con la elección; una no elige habitar el margen, sino que es empujada a ello; lo que una sí puede elegir —a veces—es cómo hacerlo. «Si no nos cuidamos nosotras nadie lo hará», «nos cuidamos entre nosotras», repiten una y otra vez las sembradoras.

La abuela de Mateo, Desi, siempre le cantaba una coplilla popular que tiene distintas versiones según las regiones de España:

> Dicen que los pastores huelen a sebo,
> pues pastorcilla es mi novia y huele a romero,
> quítate niña de ese balcón.
> Porque si no te quitas ramo de flores,
> llamaré a la justicia que te aprisione
> con las cadenas de mis amores...

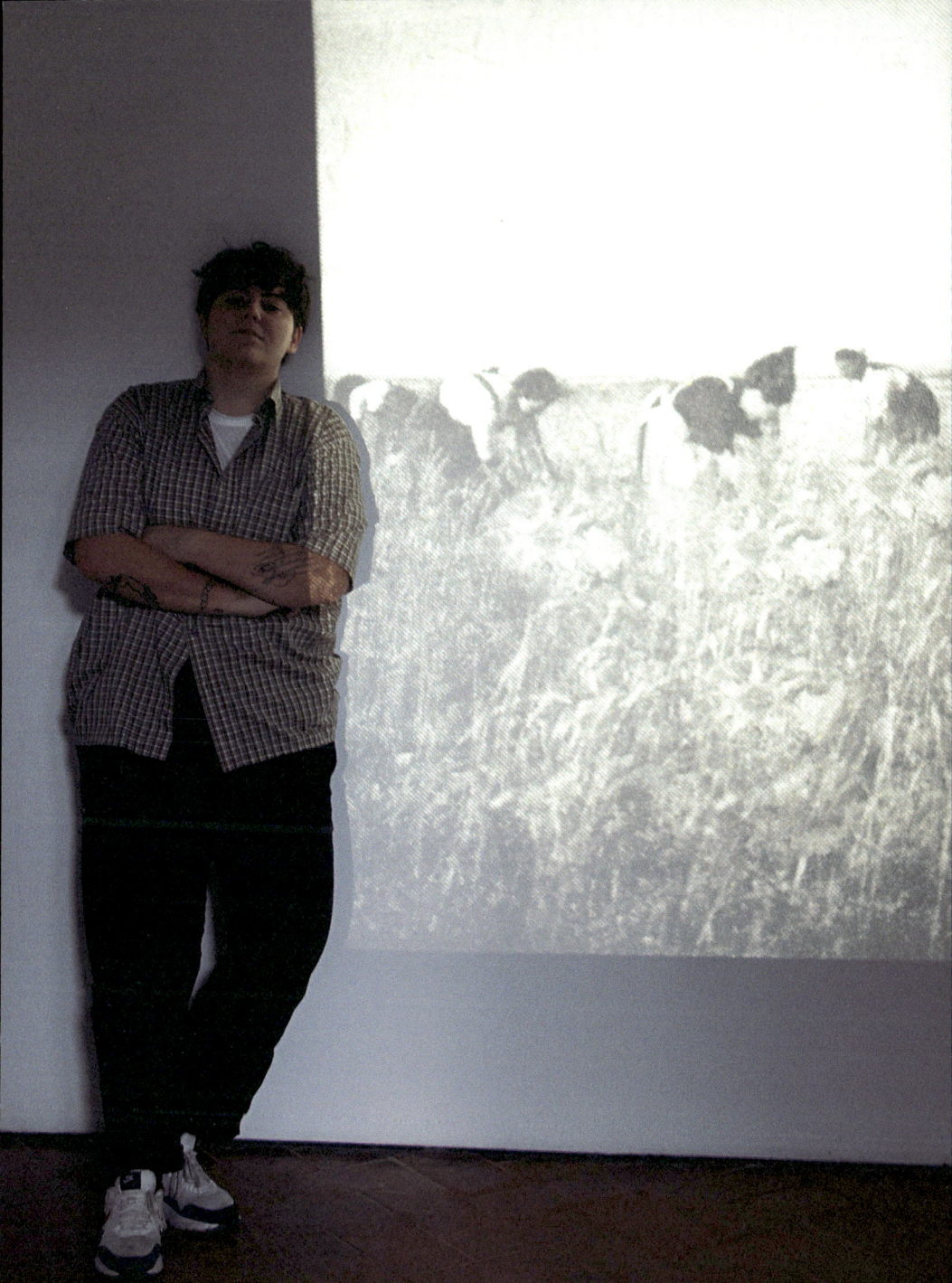

CORRESPONDENCIA

Sevilla, 4 de junio de 2023.

Buenas tardes querida Marisa.

Este pueblo alberga un secreto, que no acabo de descifrar. Encontré en una casa abandonada una caja llena de vidrios pintados, sospecho que son para algún tipo de proyección; parecen cuentos pero no lo son del todo, no tienen.. cómo decirlo... un tono amable. Parecen ser representaciones "religiosas". Quizás tú sepas decirme algo más sobre el tipo de dibujos o si encuentras un orden en ellos. Seguramente los utilizaron de entretenimiento, ¿no te parece rara la presencia de tantos pájaros? Me temo que hay algo con ellos y posiblemente con una figura femenina que los ve. Fíjate en como dibujan las flores.

Un abrazo.

Mateo Chica

Granada, 10 de junio de 2023.

Hola primor mío:Siempre he pensado que eres una criatura con estrella y que por eso las cosas maravillosas se te cruzan y tu, como no, tienes eso que hay que tener para estar donde hace falta, siempre pendiente de esos encuentros.

He mirado mucho el material que me mandas y dos cosas me llaman mucho la atención: Los pájaros, que ciertamente parecen estar buscando algo y las flores, como tu las llamas y que yo creo que son otra cosa. Parecen un "plántago" para ser más concreta creo que son la famosa estrella de las nieves o rosa de las nieves, el símbolo de Sierra Nevada. Un endemismo muy delicado que descubrió un suizo un mes de julio en el mil ochocientos y pico y que bautizó como "Plántago Nivalis Boiss", Boiss es un trocito de su apellido Boissier que quedó incrustado al nombre de endemismo para siempre. Es curioso porque las estrellas de las nieves también se adhieren al suelo para protegerse de los fuertes vientos de la alta montaña, tan pegadas que parecen pintadas.

Esta hermosa criatura vive por encima de los 2200 metros de altitud en los bordes de los borreguiles que es como se conoce a los raros y mullidos pastizales de alta montaña. Los pastores las llaman "estrellas de las nieves" debido a los pequeños cojines plateados que forman entre el verde de los borreguiles. Dicen que el suelo quiere parecerse al cielo y, por eso, intenta reflejar o imitar a las estrellas. Es curioso porque comparte con el edelweiss, la leyenda de ser la flor del amor eterno. Los enamorados las regalaban para demostrar que su amor no se secaría nunca,como las hojas peludas de las estrellas de las nieves que son perennes a pesar de los rigores del clima tan extremo que soportan. Como el amor, su floración es un suspiro, se produce a principio de verano y es tan rara y tan difícil de observar que casi parece un secreto vegetal. Hoy regalar una de estas estrellas sería un atropello porque es una especie protegida que no puede ser recolectada.

Fíjate que es un bioindicador que nos habla de la salud de la montaña. También es el símbolo del Sendero Sulayr, que es como los árabes llamaban a Sierra Nevada, la montaña del sol, haciendo referencia al recorrido que el sol hace durante el día, de este a oeste. Es sorprendente cómo los astros, las estrellas, el sol y la luna, el día y la noche, y, por supuesto, el amor, están encapsulados en una planta mínima, peluda y discreta.

Y ahora que lo pienso, el vocablo plántago lo toman los autores latinos en referencia a "la planta del pie" y se lo dan a estas plantas de hoja ancha con líneas parecidas a las que tenemos en nuestros pies y manos... ¿Tu crees que podrá leerse otro tipo de destino en las líneas de las plantas de los pies? ¿y en las líneas de las hojas de las plantas?

Me acaba de venir a la mente algo interesante acerca de los pájaros. ¿Sabías que la estrella o rosa de las nieves es pariente del llantén (Plantago Lanceolata)? El llantén es lo que comúnmente conocemos como alpiste pajarero, y ha sido utilizado con fines medicinales desde la antigua Grecia. De hecho, los colonizadores lo llevaron al Nuevo Mundo como parte de su botiquín. No solo se conocían sus propiedades curativas desde hace mucho tiempo, sino que también se le atribuían cualidades místicas para proteger propiedades y cuerpos. No me sorprende en absoluto el interés de los pájaros por esta planta, también a ellos se les encomienda el papel de guardianes y mensajeros.

Suerte con tu búsqueda, estoy segura de que todo saldrá a tu encuentro.

Un abrazo.

Marisa Mancilla

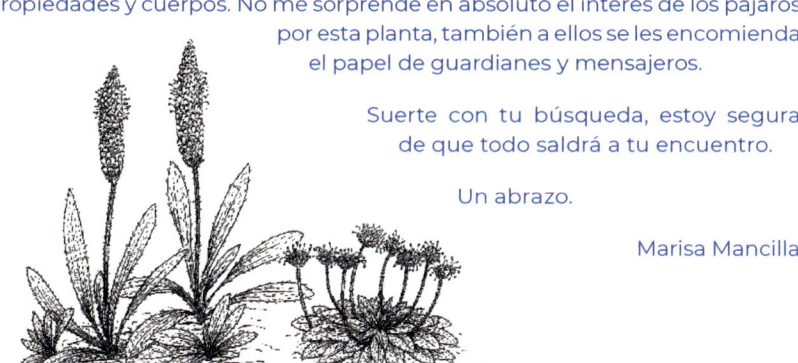

Fig. 1. Plantago Lanceolata y Plantago Nivalis Boiss.
Me manda esta imagen y comenta Marisa: mira, las primas juntas.

19

Sevilla, 21 de julio de 2023.

¡Buenas de nuevo Jesús!

Como ya hablamos con anterioridad, no paro de encontrar documentos aunque esta vez son grabaciones caseras, sospecho que de algún documentalista. Lo he traducido según el guión que había escrito a máquina; no sé si dicen eso del todo pero si lo dicen, me resulta fascinante la historia. Es peculiar, diría que inverosímil. No he encontrado registro de la flor y mucho menos adivino las propiedades de la misma. Advierto en el documental algo de secretismo, algo que no llega a esclarecerse del todo... me gustaría saber qué opinas tú.

Mateo Chica

Granada, 1 de agosto de 2023.

Acabo de verlo. Al principio no podía abrirlo, pero luego hizo un ruido raro (sonó como a pluma bajera) y ya se veía. Cuando me dijiste que ibas a engañar al viejo ese para entrar en su casa y rebuscar, no pensaba que ibas a encontrar algo así. De hecho, pensé que ibas a por los bastones y las medallas, que es lo tuyo. De esto, que parece un documental, efectivamente,me parece que las escenas del final se filmaron a escondidas. La niña flor esa hace ademanes que no son normales y cuando se están lavando no es para refrescarse, sino como ablución para entrar en las cuevas cóncavas, que hay referencias de las industrias del quitar y poner cosas en el mundo desde las honduras de sílex y guano. Allí se rinde culto a movidas muy chungas y esas tres viven de eso.

No sé yo si teníamos que haber visto todo esto, Mateo. Creo que las que salen se dejan ver porque van a procurar que esto no se vea. Que cuando las sibilas se ríen es que están viendo el porvenir. Consigue pelo de perro y, antes de acostarte, los repartes en el suelo en forma de cruz y los quemas con alcohol y romero para protegerte. Me lo dijo un tío mío que era yonqui pero estaba muy leído. Y cuando lo hagas, que todos los cajones estén cerrados. Hablando de pelos, lo de tu cobaya es culpa mía porque me senté encima sin querer. Se hizo caca la pobre, pero la limpié. Si la guardé en la nevera envuelta en papel de plata fue por deferencia, no por regodeo.

Bueno, que nos vemos para acabar lo del viejo ese.

Jesús Zurita

Sevilla, 17 de agosto de 2023.

Buenas tardes Pedro.

Este pueblo alberga un secreto que no acabo de descifrar. Las fotos que te mando son de tía Isidora y tía Consola. Ellas aseguran en el documental, que las imágenes son antiguas, pero lo realmente desconcertante es que las protagonistas de las fotos son ellas mismas (con el mismo aspecto físico que a día de hoy), aún datando del año 1900. No se puede negar la hermosura de la flor, tiene un cierto parecido a los claveles, pero estas flores son gigantes y las corona una estrella. No nos hemos podido acercar a ellas y verlas en persona ya que están bajo secreto en lo alto de la montaña. Me resulta curioso que no aparezcan hombres en las imágenes.

Mateo Chica

Granada, 21 de agosto de 2023.

Patrocinio Eslava, mi madre, cuenta que en el Cortijo de Federico el Conde, allí donde las gordales,en la parte bonita de la Vega que se ve desde lo que es ahora el Parador de Carmona, había un tipo de aceitunas que solo se podían coger en la segunda quincena de octubre porque si no, se ponían negras y se caían, todo en la noche del 1 de noviembre. ¿Te lo puedes creer? Durante una sola noche las aceitunas oscurecían, ennegrecían, se caían y se pasaban. A esas aceitunas las llamaban de piedra porque estaban tan agarrás a la rama que había que ir arrancándolas una a una. Se ve que no querían ser aceite. ¿Te imaginas? Una aceituna que no quiere ser aceite; que no quiere que la molturen, es decir, que la trituren; pero es que tampoco querían que las sirvieran en una mesa después de pasar varios meses en un tanque, cuarteadas para que la salmuera penetrara en sus carnes y las reblandeciera lo suficiente como para que pudieran ser masticada por nosotros. Esas aceitunas eran unas auténticas heroínas. Heroínas de piedra verde, de piedra viva.

Pedro Ordóñez

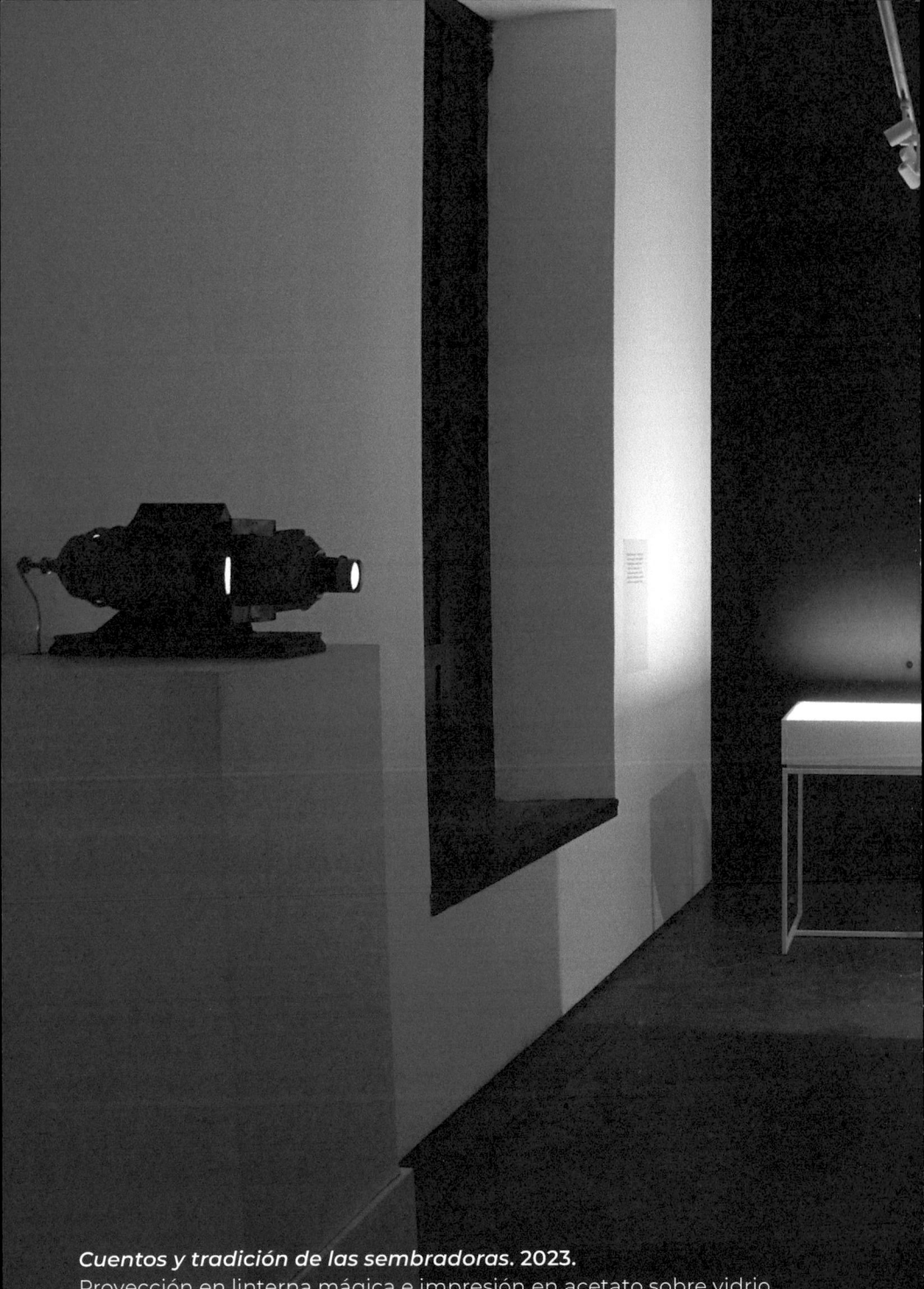

Cuentos y tradición de las sembradoras. 2023.
Proyección en linterna mágica e impresión en acetato sobre vidrio.

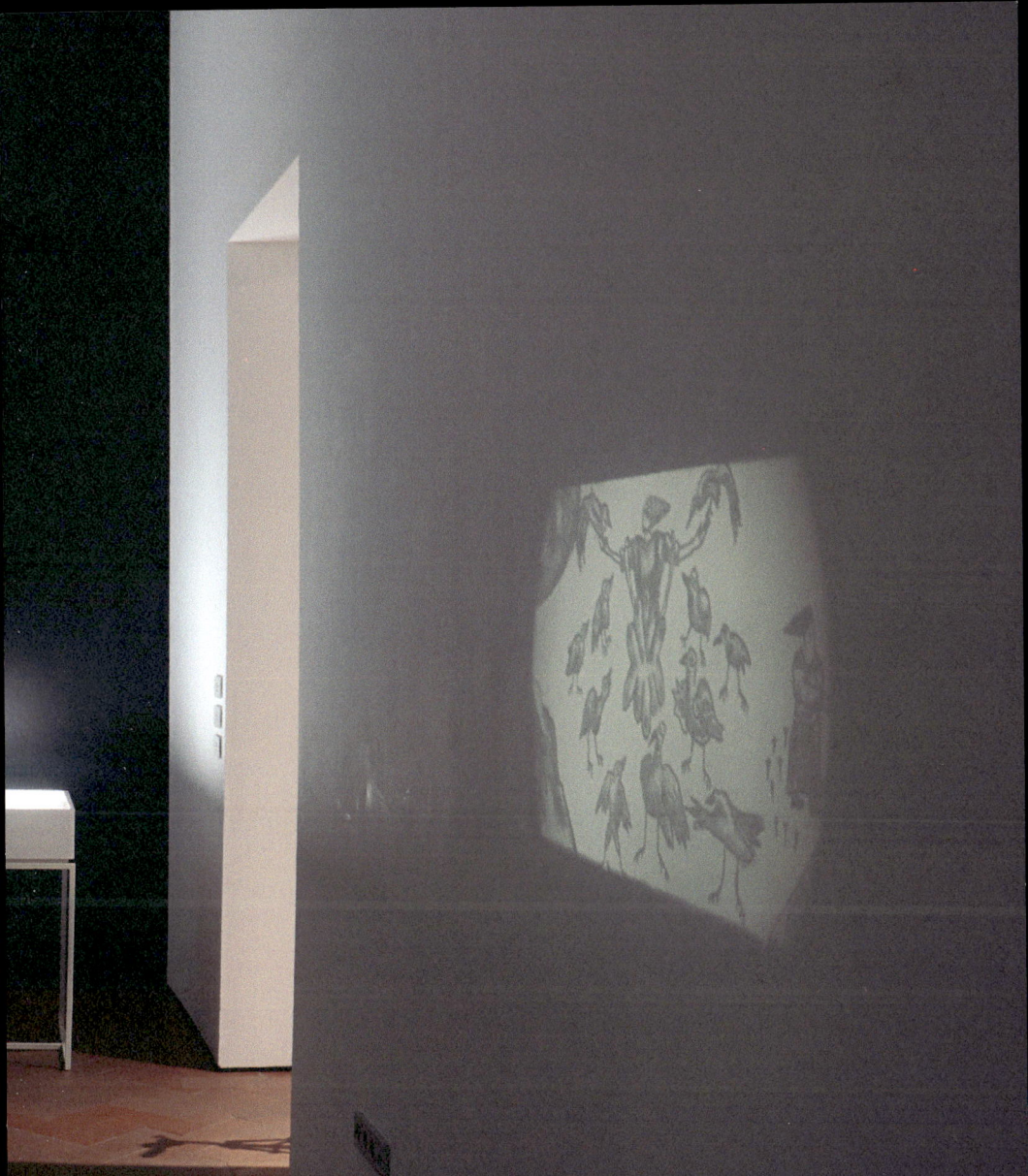

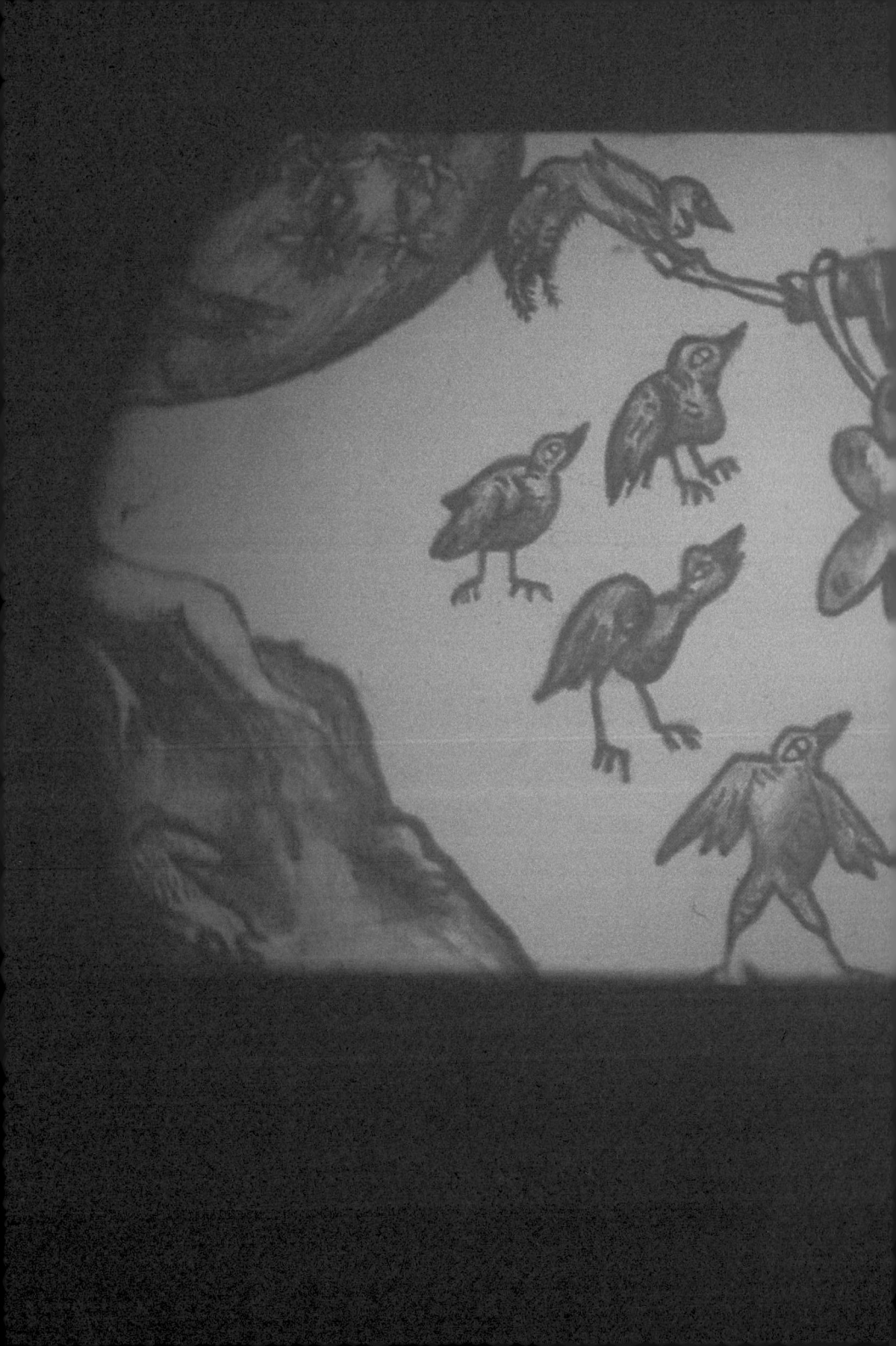

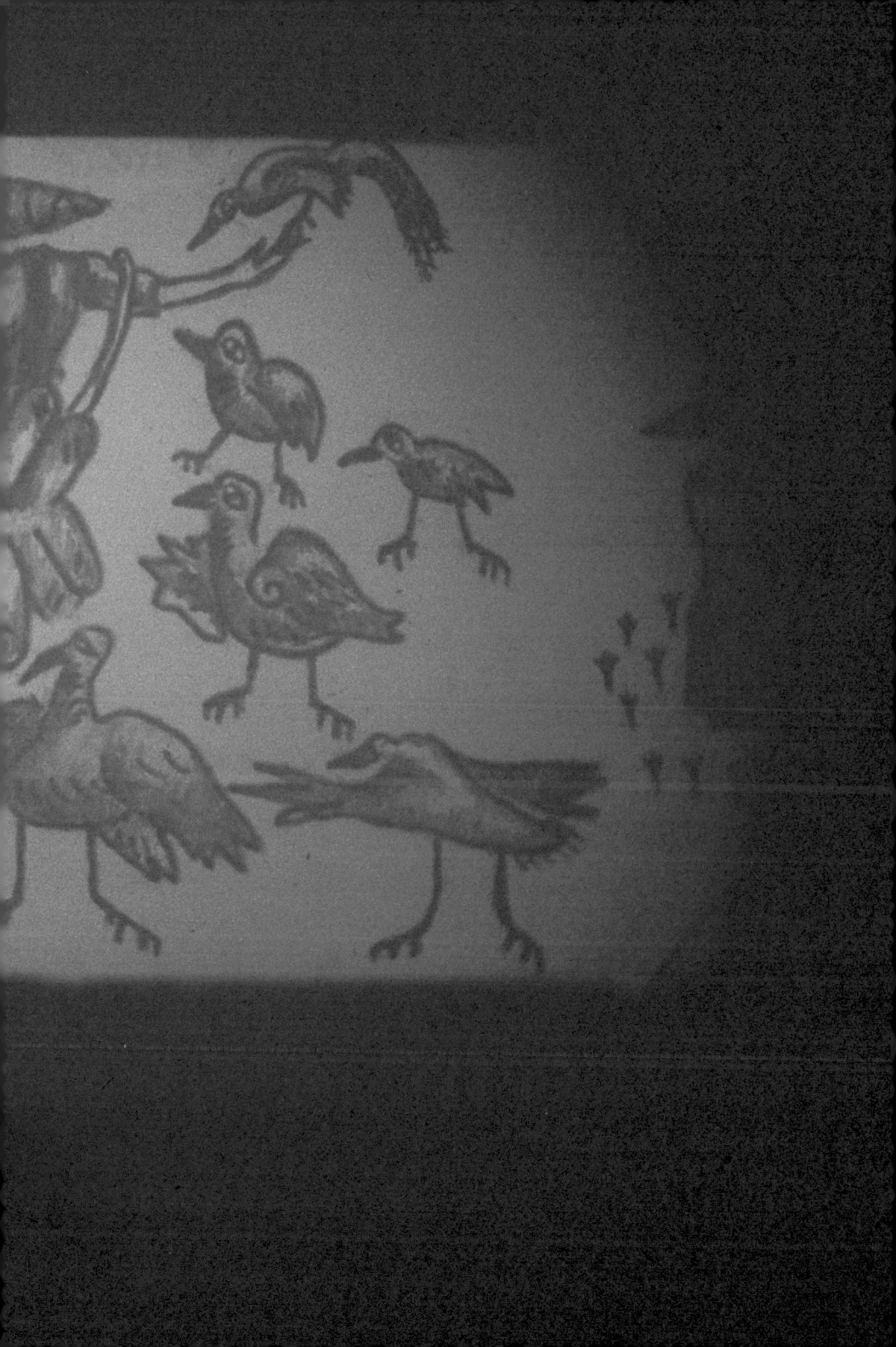

Guion literario. 2023.
Tinta sobre papel.

Cuentos y tradición de las sembradoras. 2023.
Impresión en acetato sobre vidrio.

- l, se mb r,dor,s -

cu,ndo uno vi,j,,su cue rpo t,mb ien lo h,ce, y no de un,
fisic,,l,s m,nos se h,cen sensor,s, y perc ib en m,s,ll, de l
cuerpo

cu,ndouno vi,j,, su cuerpot, t,mbien lo h,ce,y no h,blo de un, form,
fisic,. Crist,

Ciertos vi,jes, son de l, memori,....

cu,ndo er, peq ueño, mi m,dre Auror, me poni, l,s m,nos,sus m,ose c,lid,s
en l, c,bez,,por encim, de l,s orej,s.Si,- Si no pod i, dormir,se recost,b,
, mi l,do y er, ent oces el turno del vi,je.Por es, epoc, yo vi,je mucho junto
,, ell,.Preci, que ell, conoci, tod,sl,,s reciones de ESP,Ñ, c,d, ,lde,
c,d, pueblo,con sumo det,lle describi, e los rie, los tr,jes de l,s lug,reñ,s
los ,gr,,les de pl,t,,los cestos enred,dos cen e LOS B,ILES

Ahor, pienso cun,to h,bi, de verd,d enc,d, histori, yquieroy debo creer...
si ,lgun, vezte encuetr,s en l, oscurid,d,piens, en ,quellos ,quellos qe mir,n
.si ,chic,s los ojos , se desv, necer,,y ser, entoncesc cu,dp l,s luces de este
vi,je empiecen, , deslumbr,r el c,mino.

DICEN QUE LOS P,STORES HUELEN , SEN0? mi p, storcill, huele , romero

h,y uun pue blo que creo record, r...
mmm,- est,b, cerc, de ...y,- ,l, vez z de todo
su nombre e es...

no import,
sum, dre lo invent,ri

no, e ste pueblo existe,quiero que exist,
hr soñ, do t,nt,s veces con el, que es re,l.

LOS P,J,ROS, miguel, esos p,j,ros enorm,s

escuch,me much, cho tu no s,bes de lo que te h,blo
se extendi,n porr el cielo y l, tierr, p,reci, c,br.
oscureci,n l,s ll,n ur,s por donde p,s,b,n.
...l, gentes no sufri,n de p,vor ,l verlo...,l contr,rio

en contr,b,n p,z dur,nteesos segundos...

creo que necesito un desc,nso..

m,ñ,n, continu,m os..

si

Primavera de 1963.

Un documentalista extranjero, cuyo nombre no hemos podido averiguar, manifiesta la existencia de una población andaluza desconocida, o más bien apartada del sistema. Los habitantes de este lugar recóndito mantienen unas tradiciones poco ortodoxas para la época. "Las sembradoras", se las llamó.

Conocemos sus nombres de pila, pero su origen es incierto. No se mienta nunca la cartografía del lugar. Ignoramos si continúan allí –ajenas a nuestro mundo, recogiendo su apreciada rosa–.

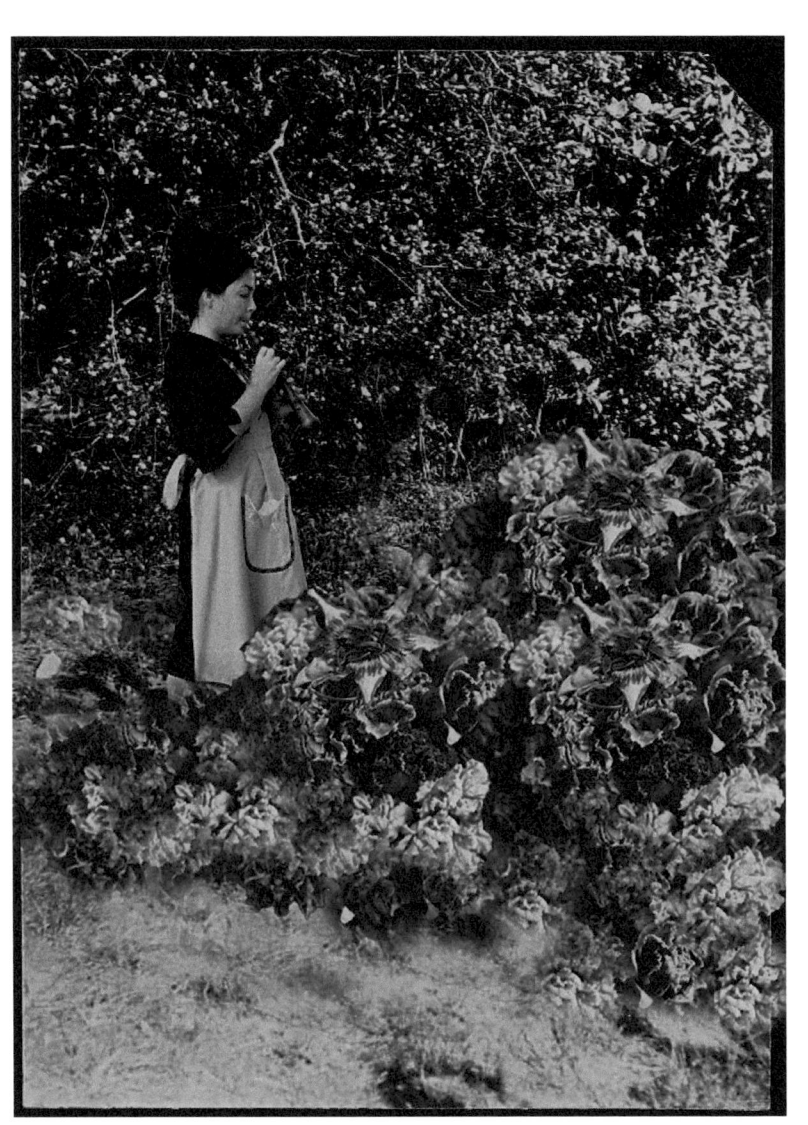

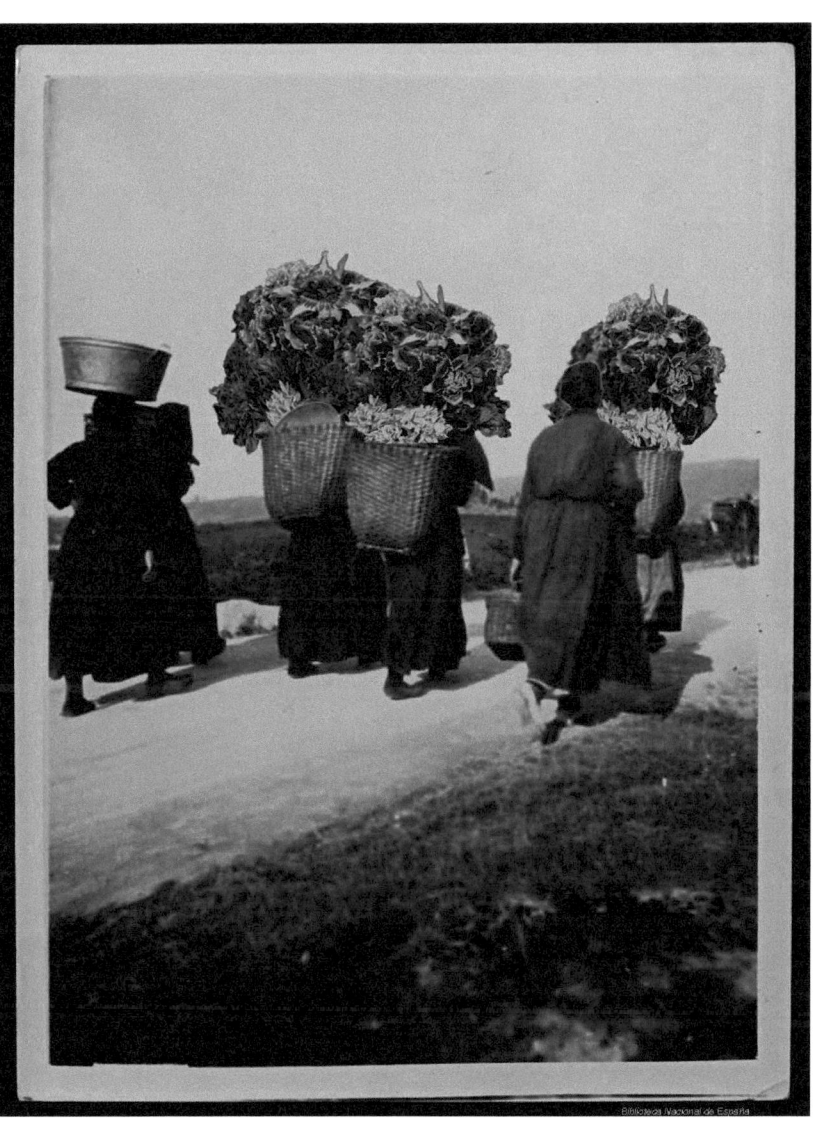

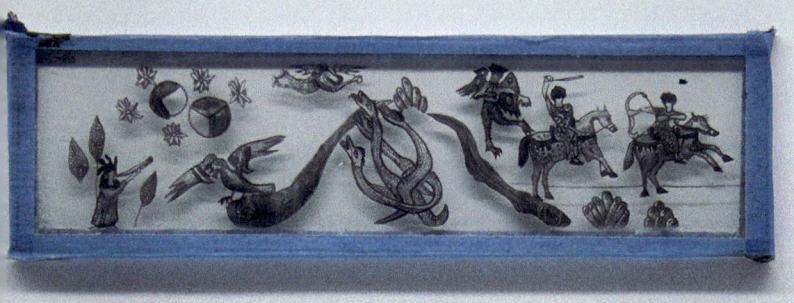

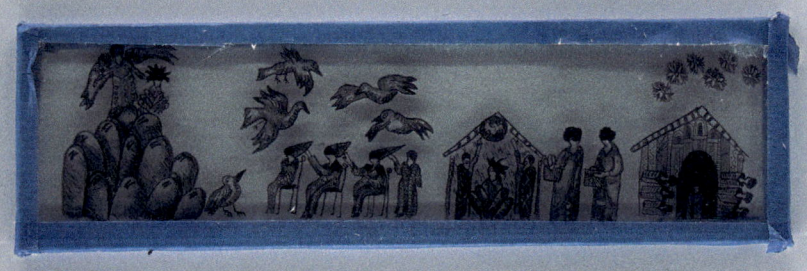

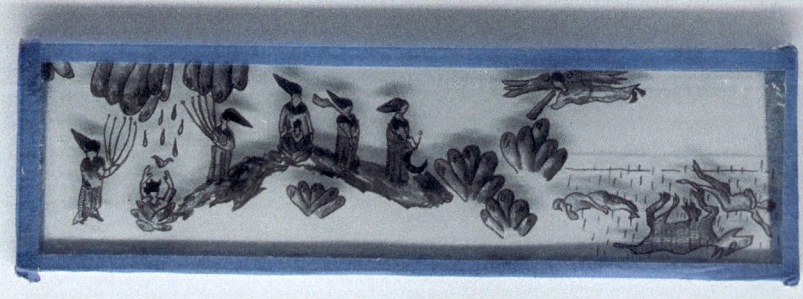

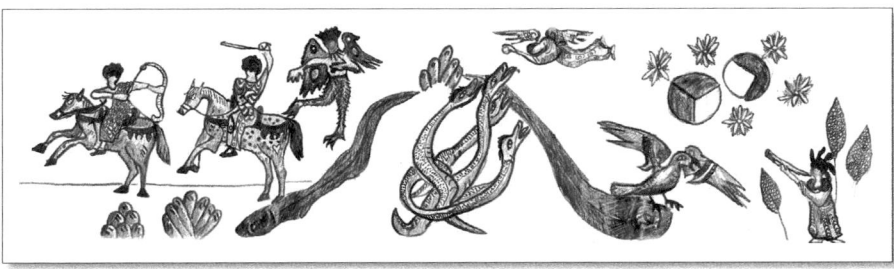

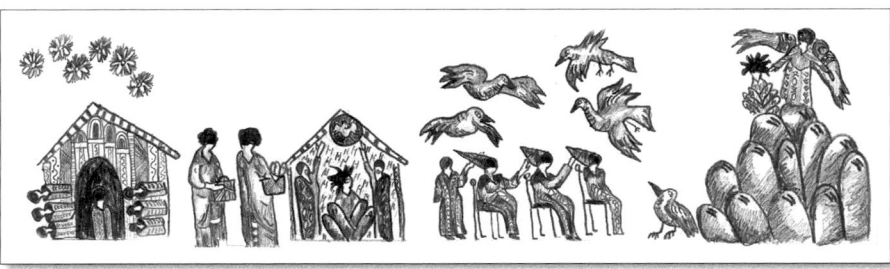

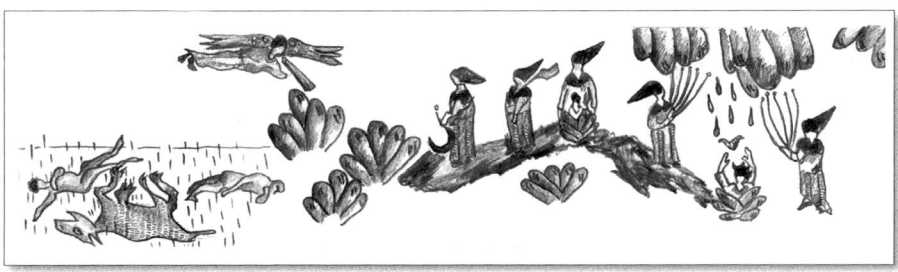

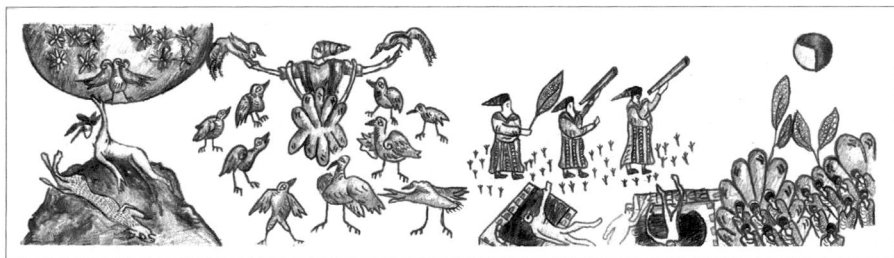

Trajes autóctonos. 2023
Trajes de tela de algodón sobre maniquí.

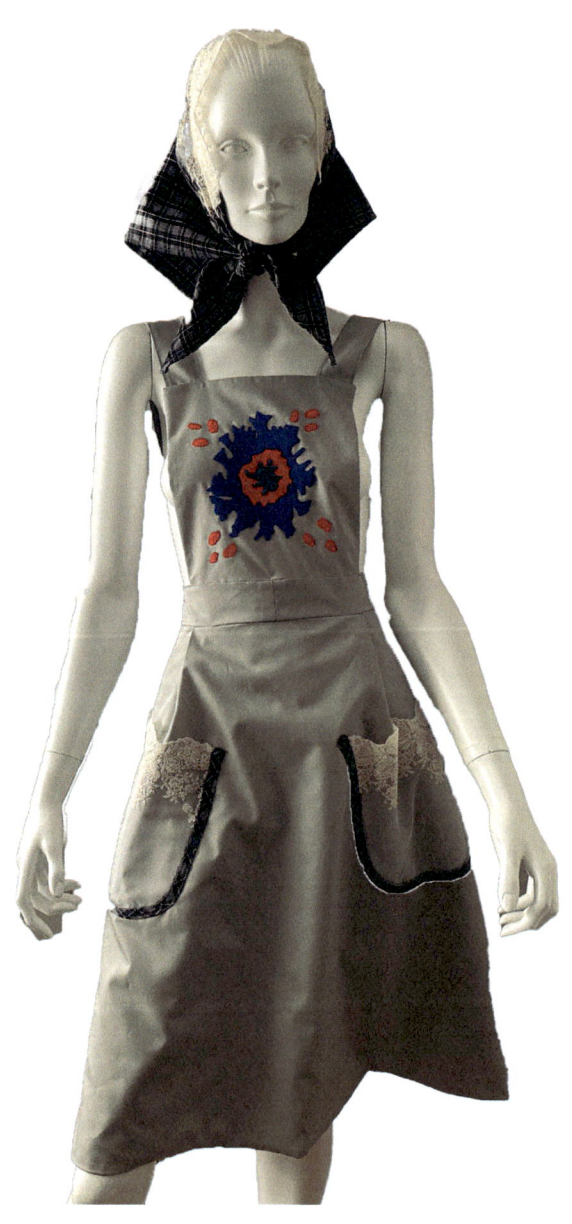

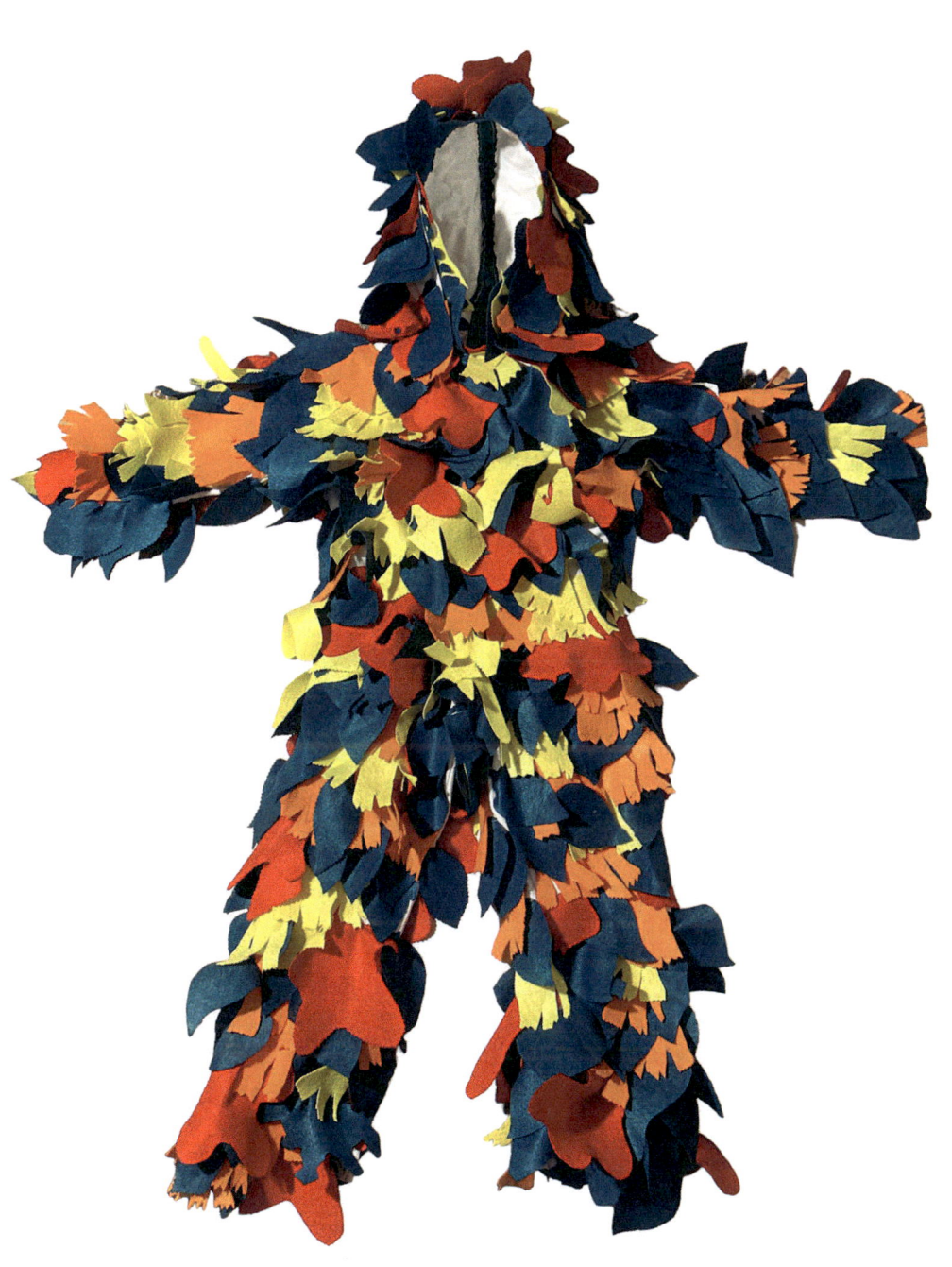

– Hijo, ¿y todo eso es verdad?

– Esto es una mentira como una casa pero yo te la cuento para que te distraigas.

Beni de Cádiz

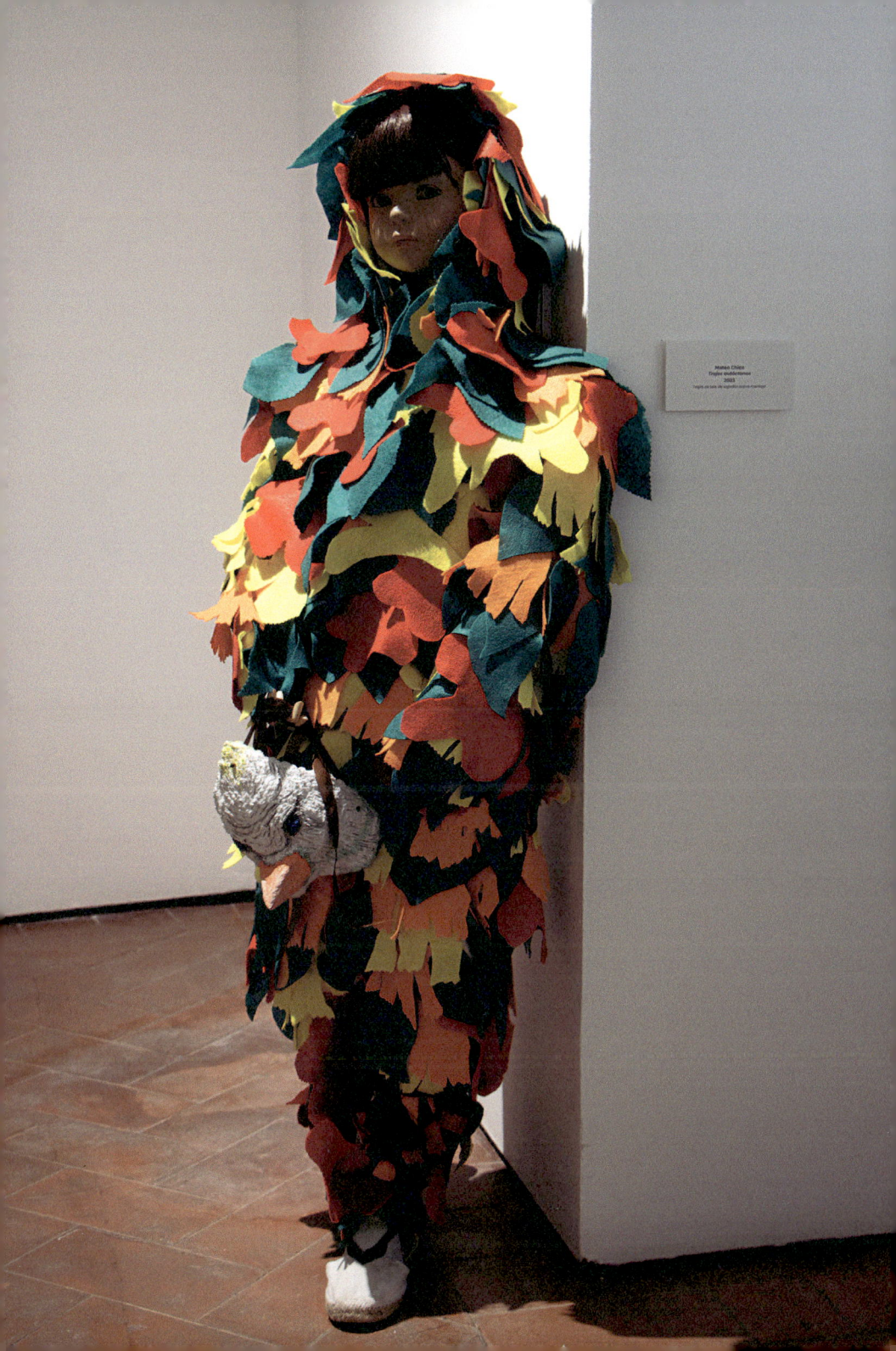

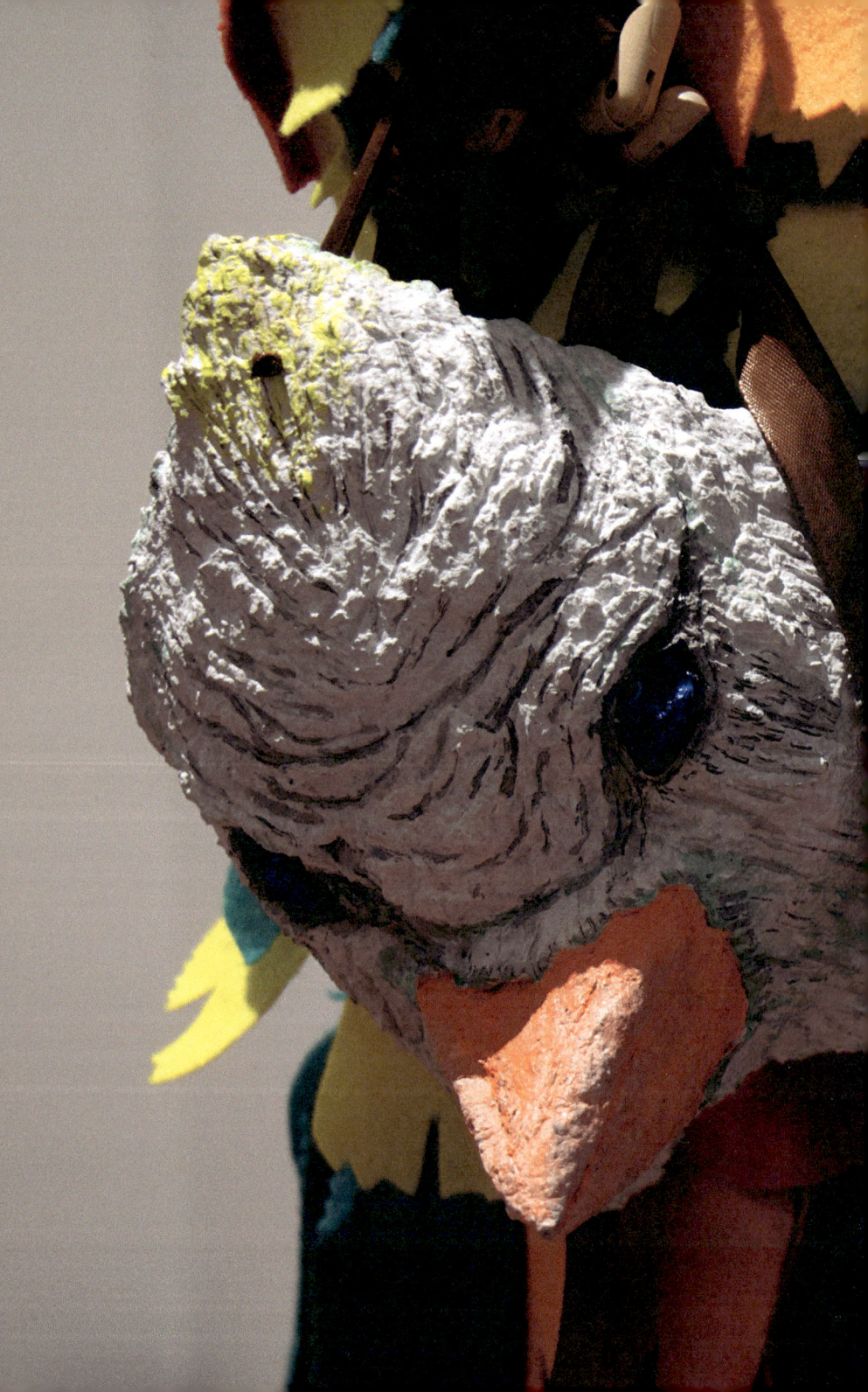

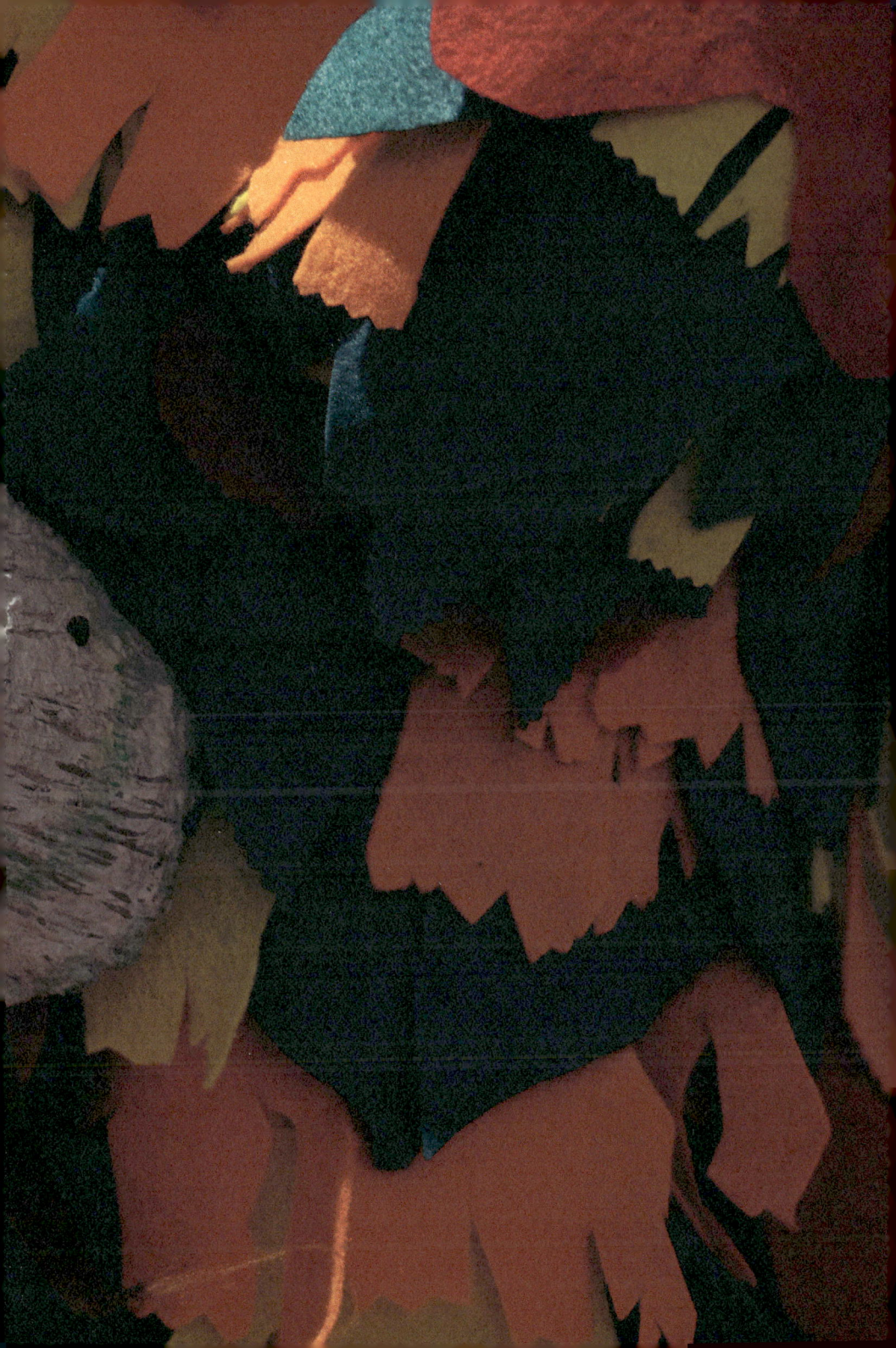

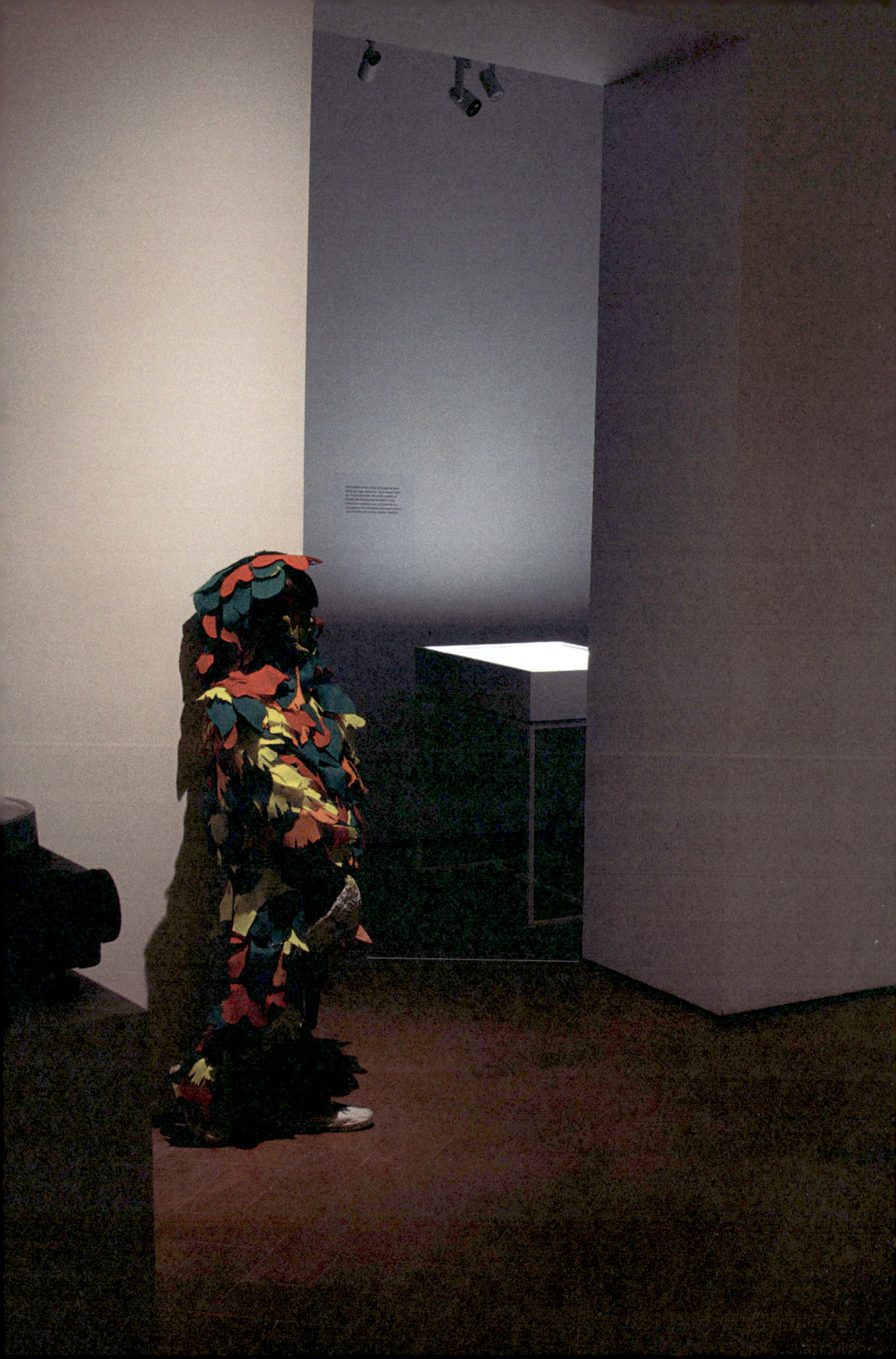

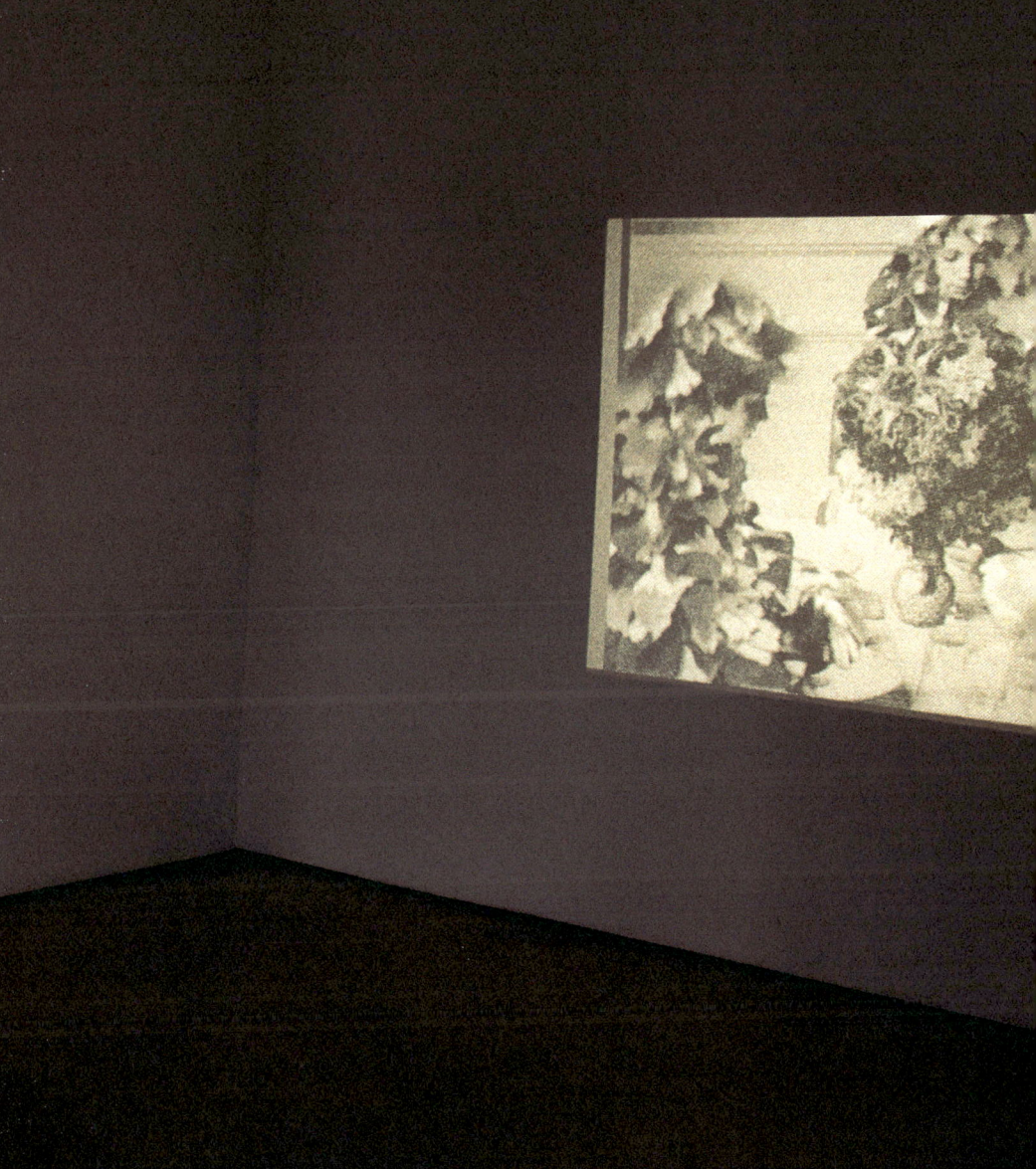

Diapositivas 1963 vida rural (las sembradoras). 2023
Proyección de diapositivas e impresión en acetato sobre marquito.

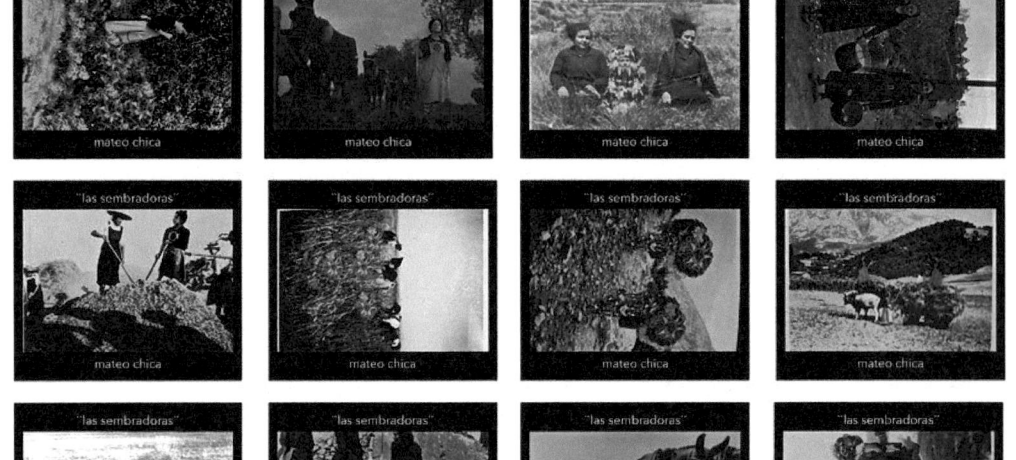
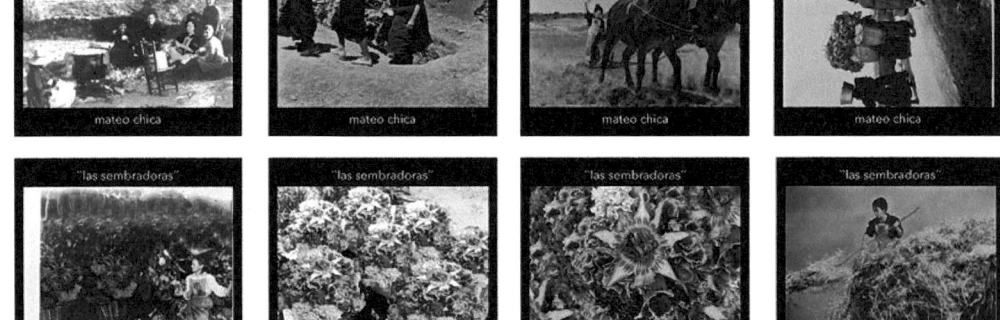
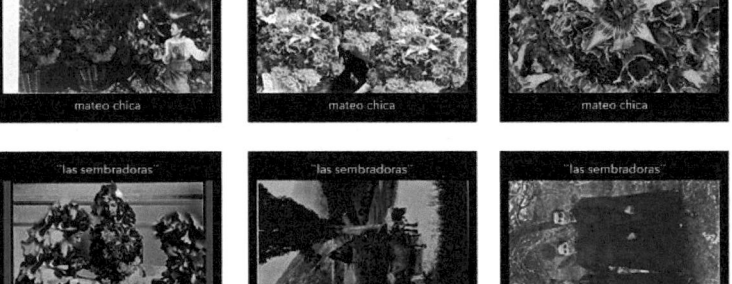
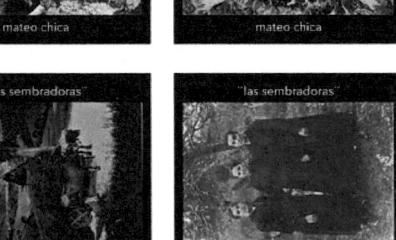

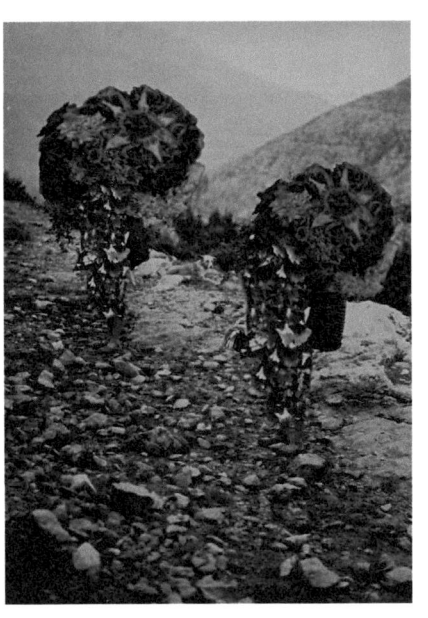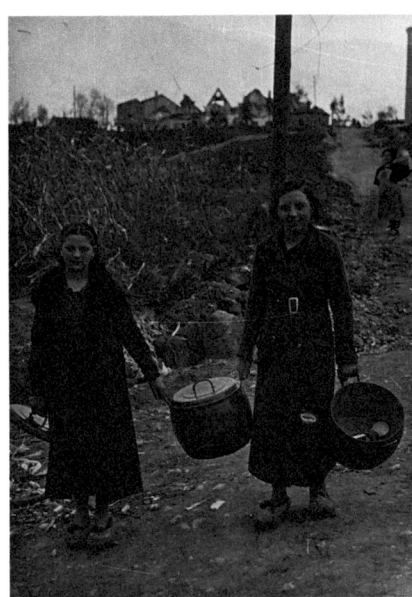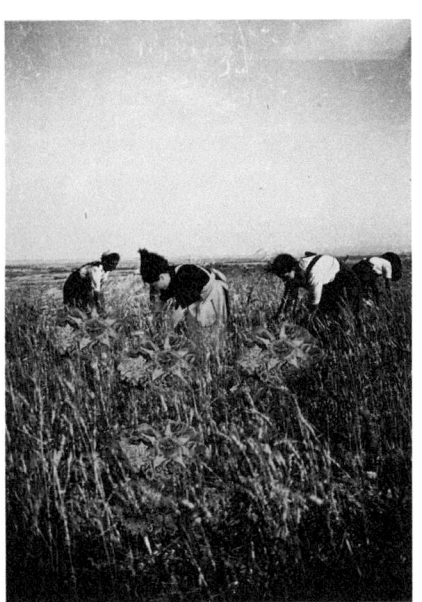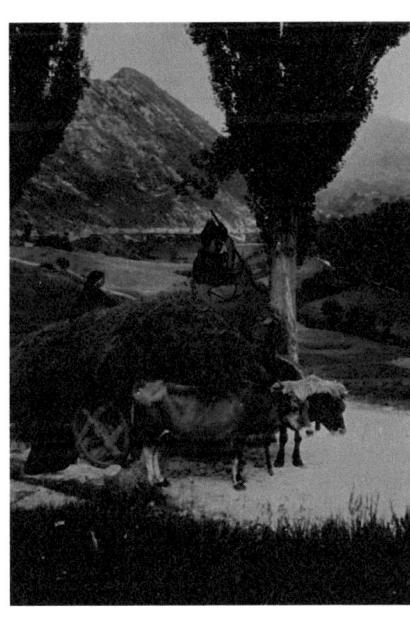

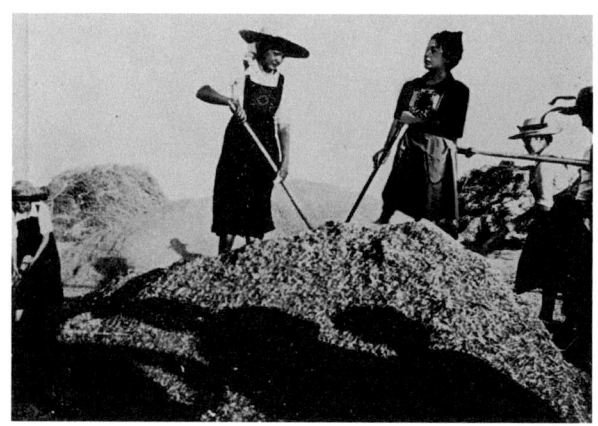

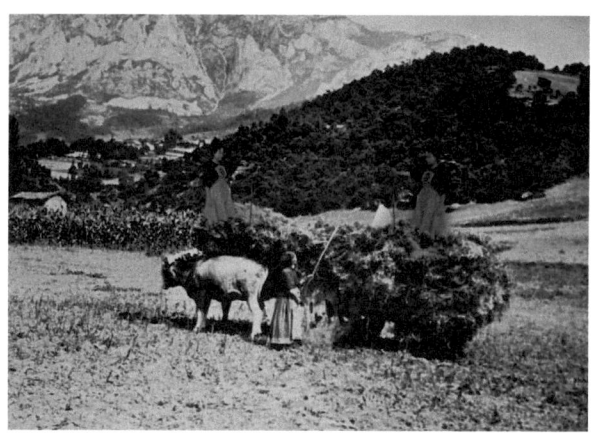

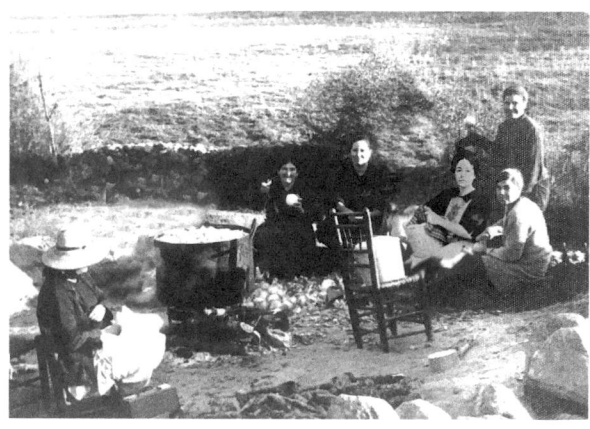

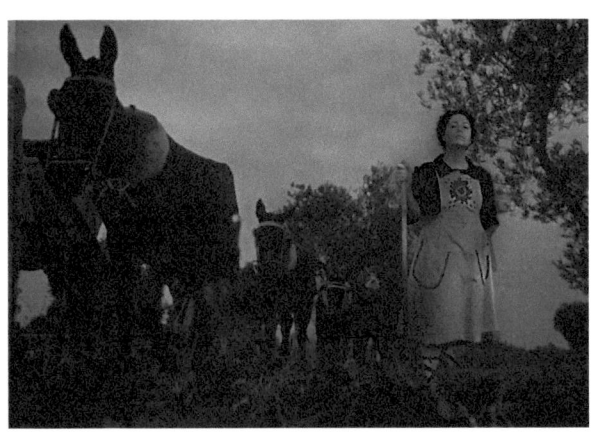

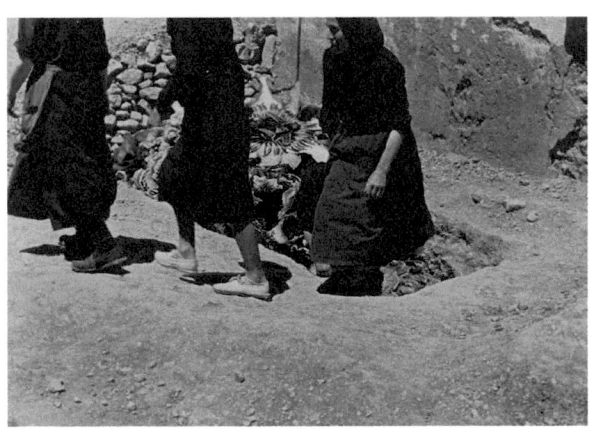

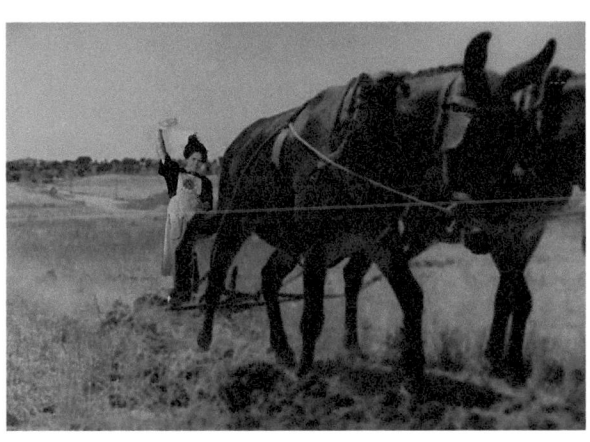

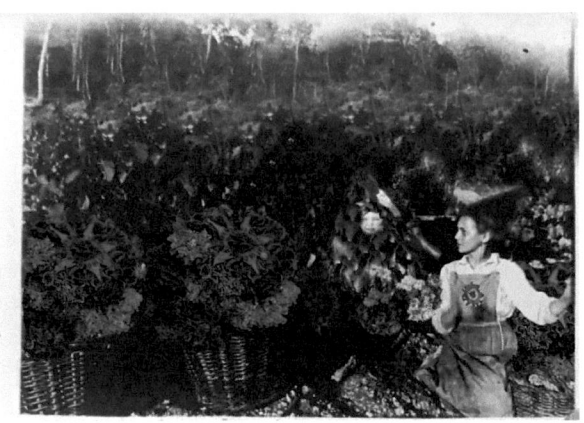

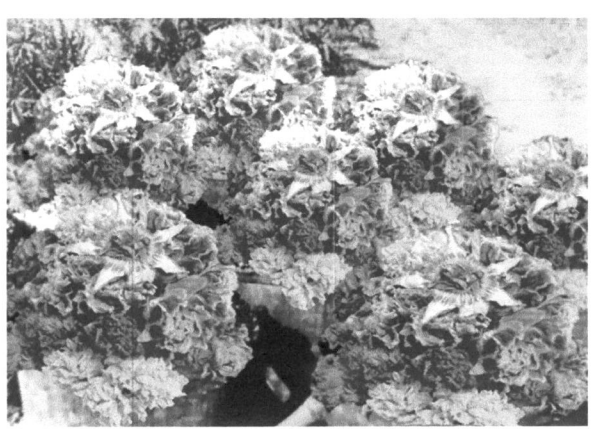

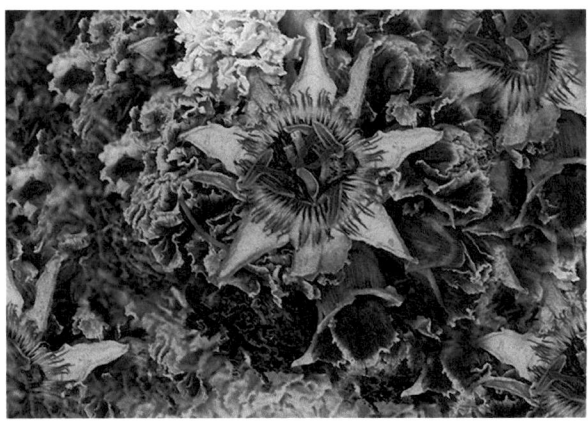

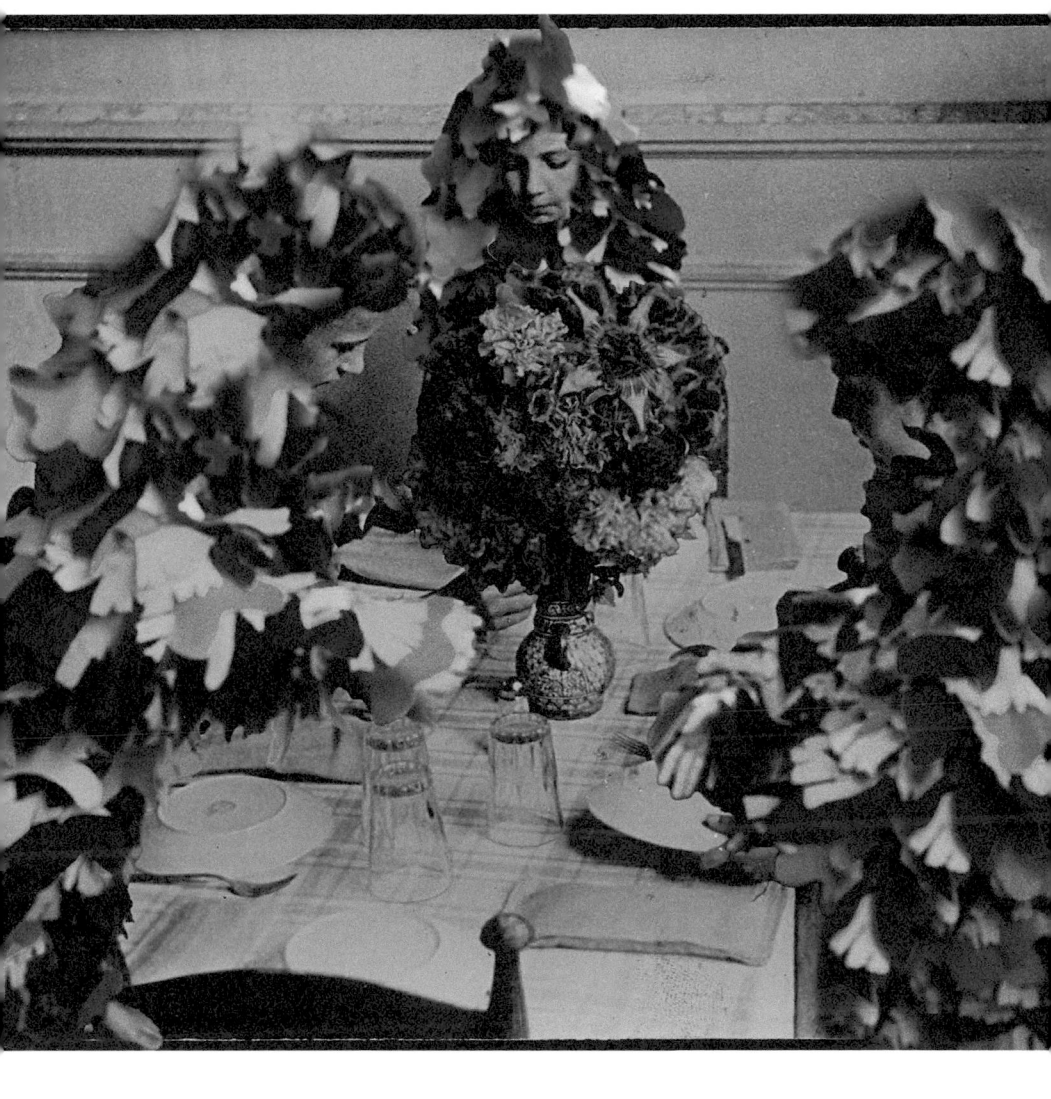

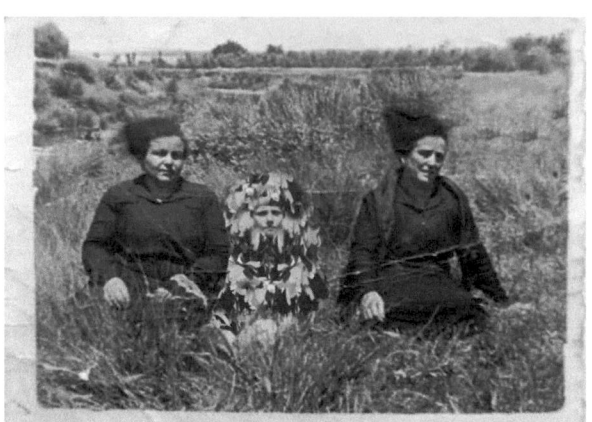

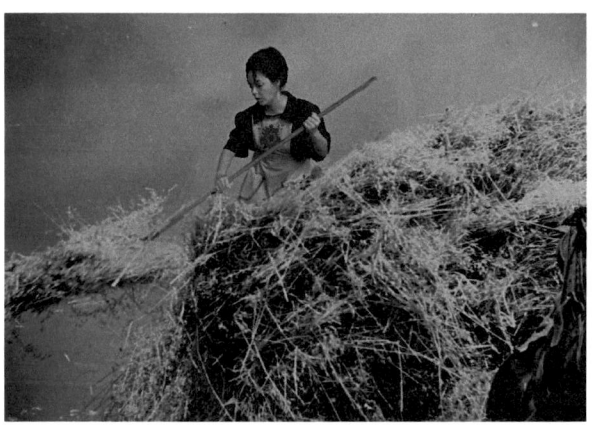

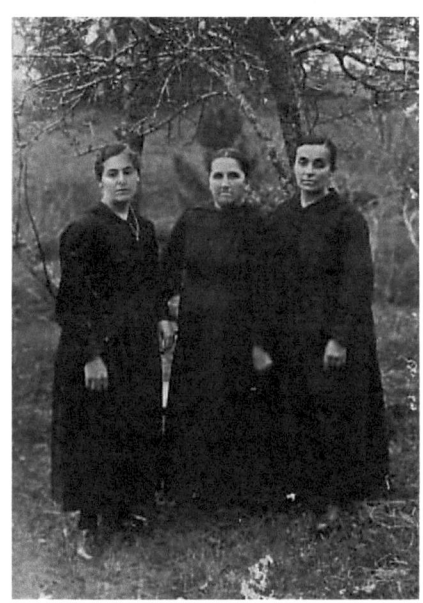

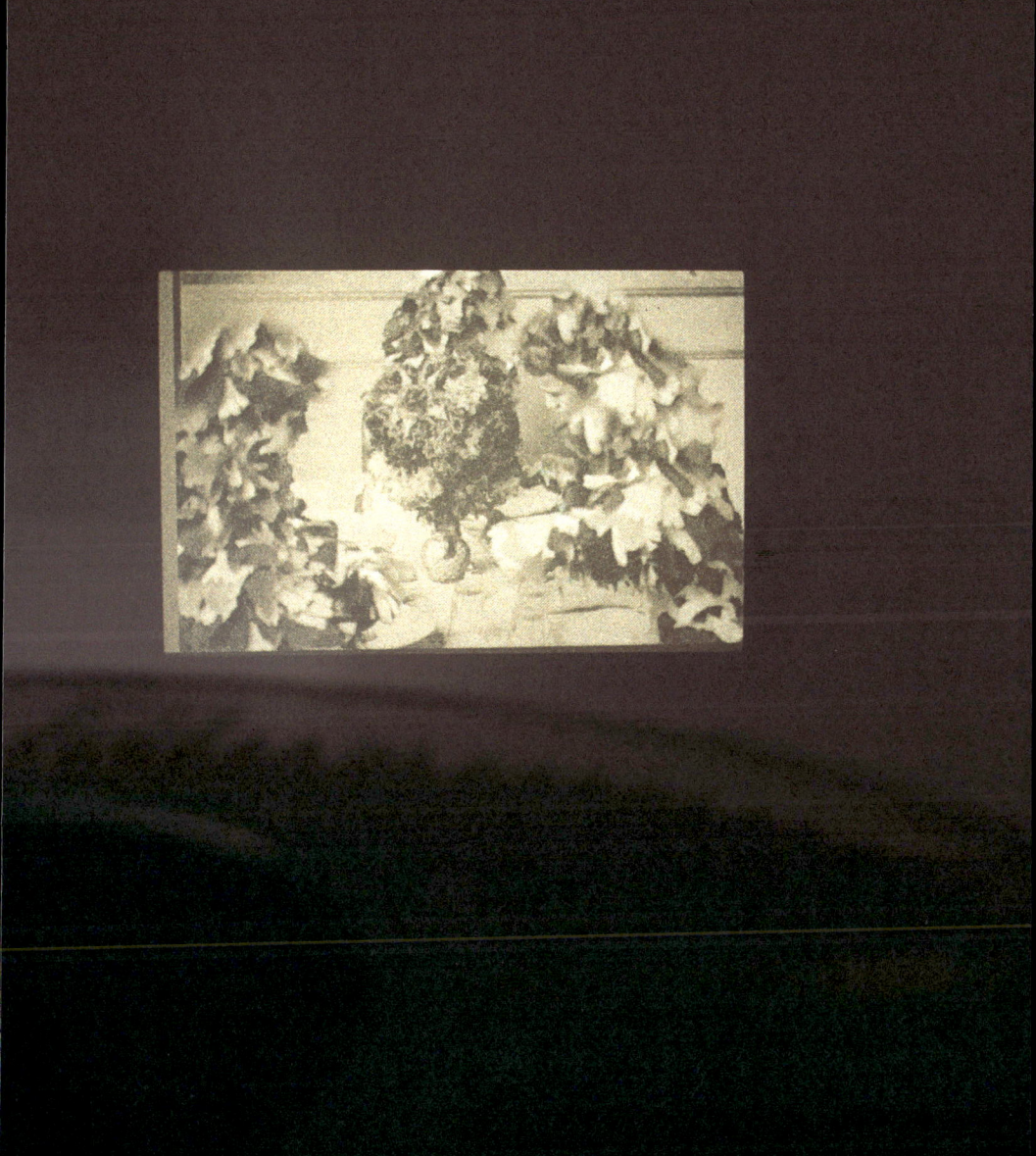

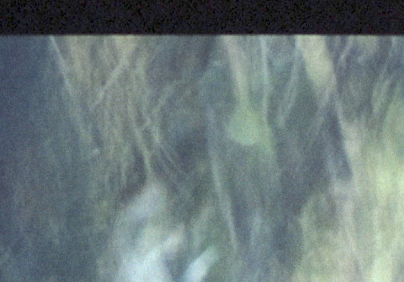

Parte. 7
La niña flor II

¿Quieres que te
Pero no se lo p

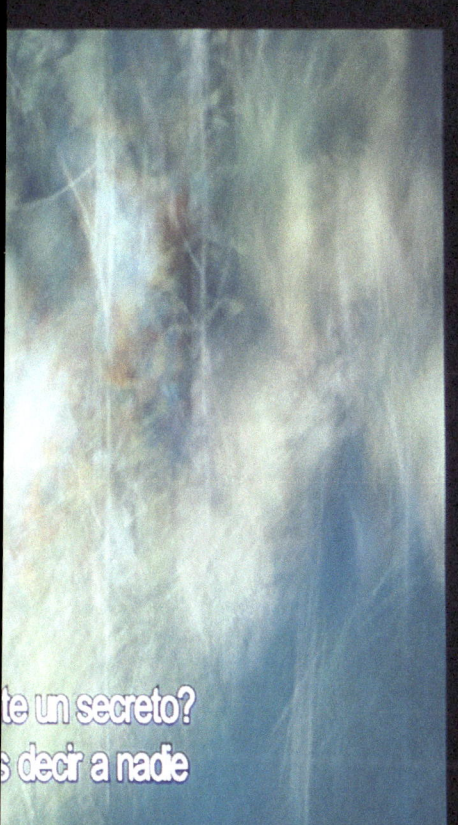

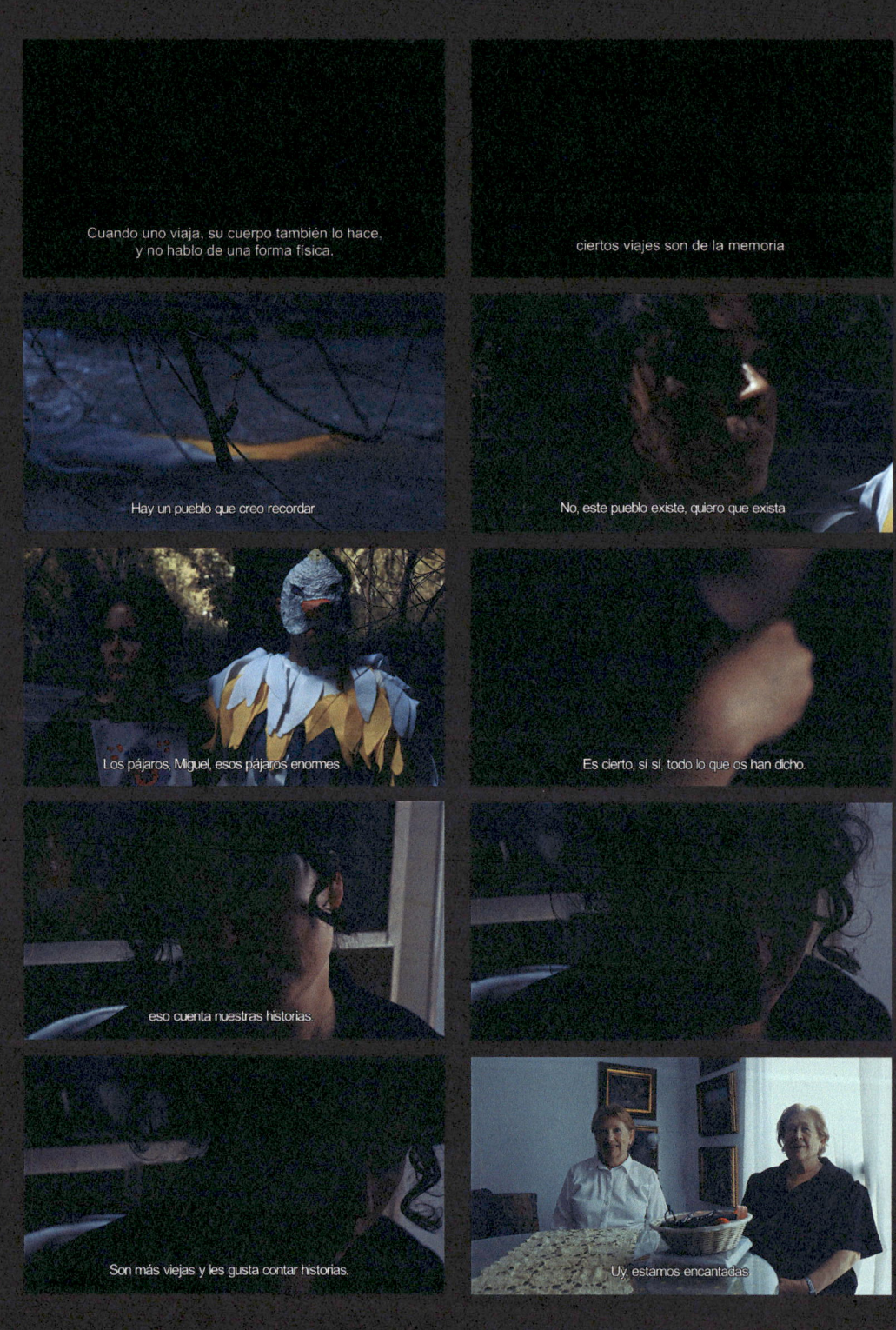

Cuando uno viaja, su cuerpo también lo hace,
y no hablo de una forma física.

ciertos viajes son de la memoria

Hay un pueblo que creo recordar

No, este pueblo existe, quiero que exista

Los pájaros, Miguel, esos pájaros enormes

Es cierto, sí sí, todo lo que os han dicho.

eso cuenta nuestras historias

Son más viejas y les gusta contar historias.

Uy, estamos encantadas

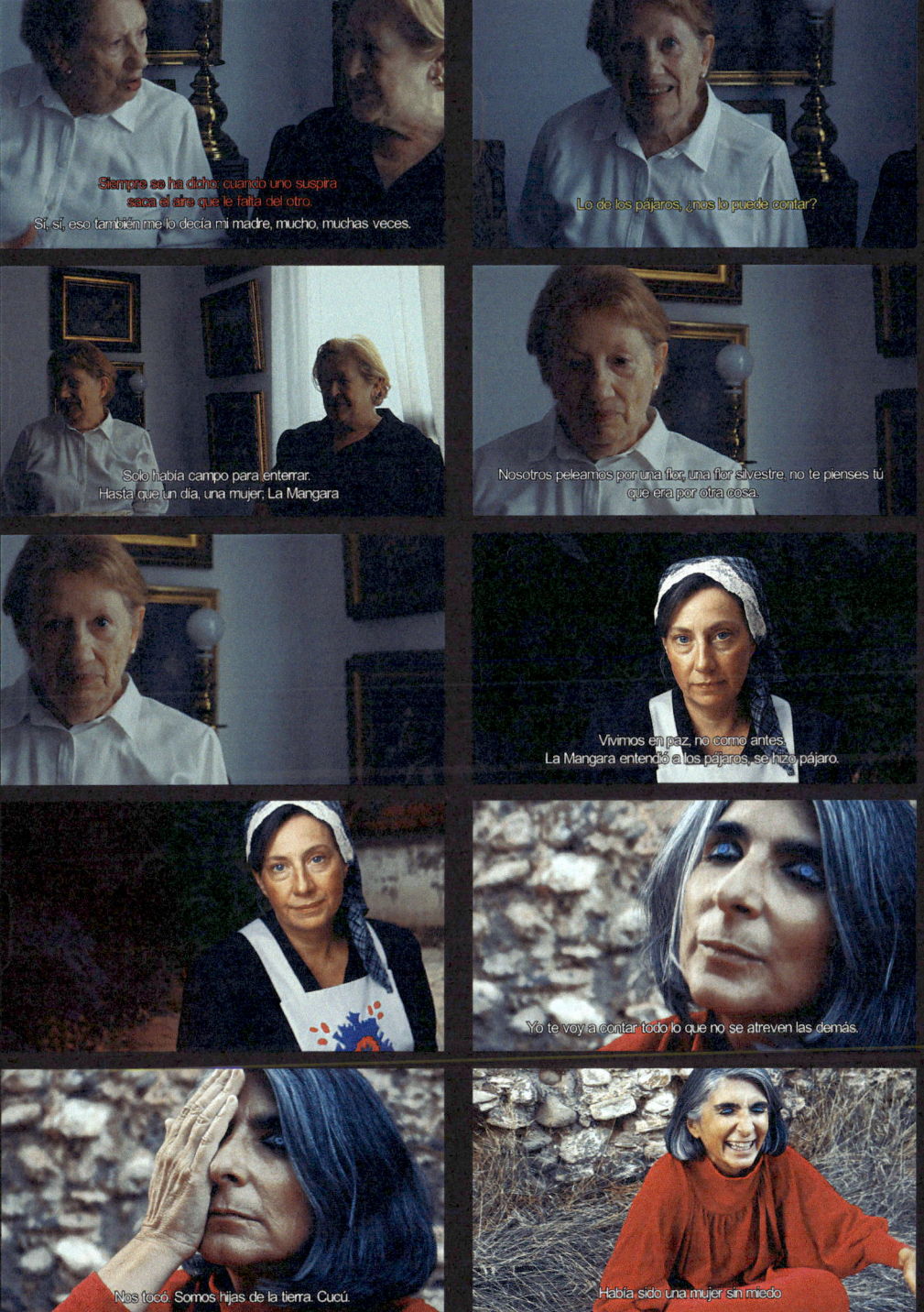

Siempre se ha dicho: cuando uno suspira
saca al aire que le falta del otro.
Sí, sí, eso también me lo decía mi madre, mucho, muchas veces.

Lo de los pájaros, ¿nos lo puede contar?

Solo había campo para enterrar.
Hasta que un día, una mujer, La Mangara

Nosotros peleamos por una flor, una flor silvestre, no te pienses tú
que era por otra cosa.

Vivimos en paz, no como antes.
La Mangara entendió a los pájaros, se hizo pájaro.

Yo te voy a contar todo lo que no se atreven las demás.

Nos tocó. Somos hijas de la tierra. Cucú.

Había sido una mujer sin miedo

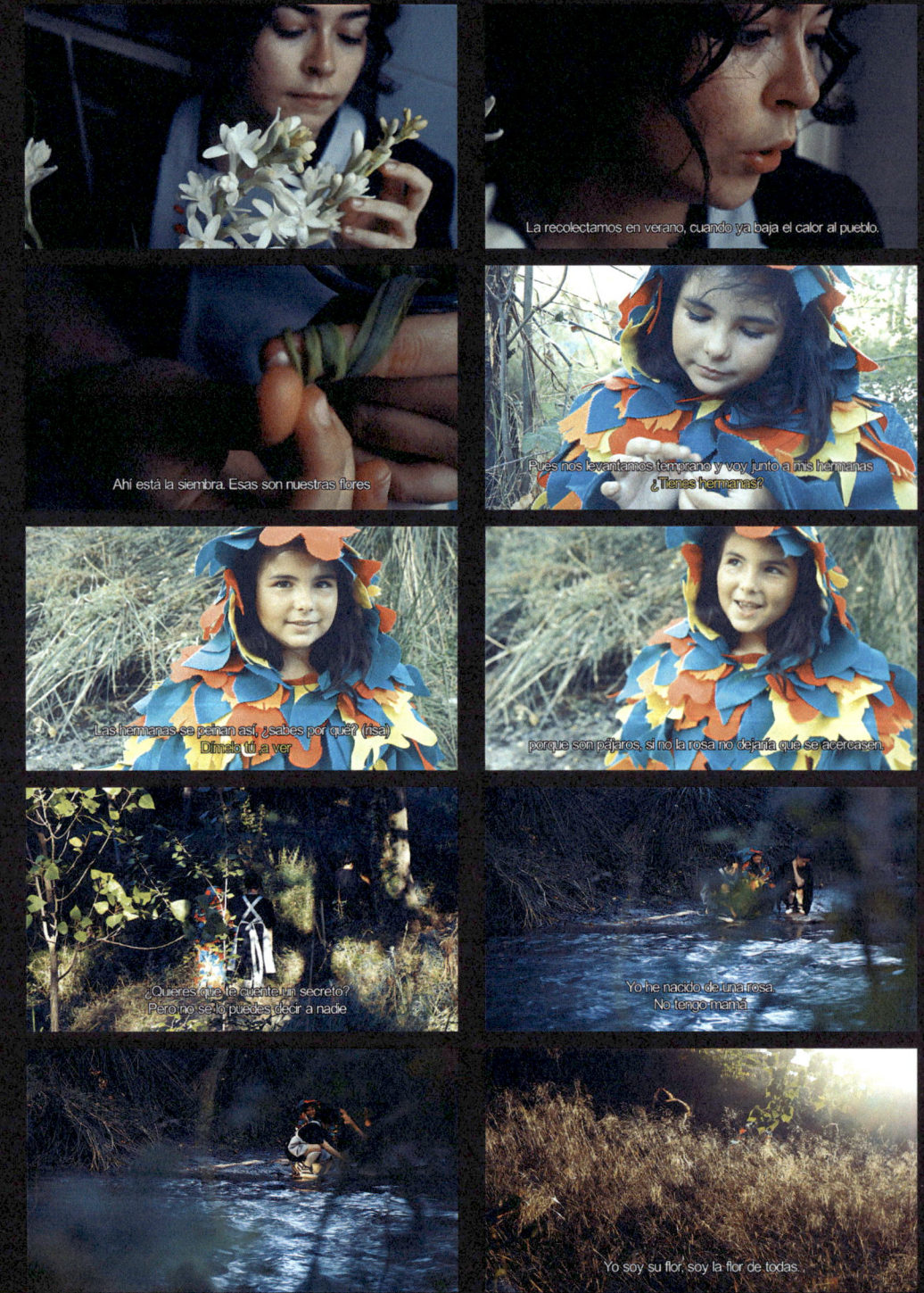

Efectivamente, todo el material que está viendo usted en esta exposición es material falso. Ha sido creado a través de *Embustes* es decir, una mentira creativa que se sirve de la *investigación imaginativa* para lograr una ficción en la que poder habitar.

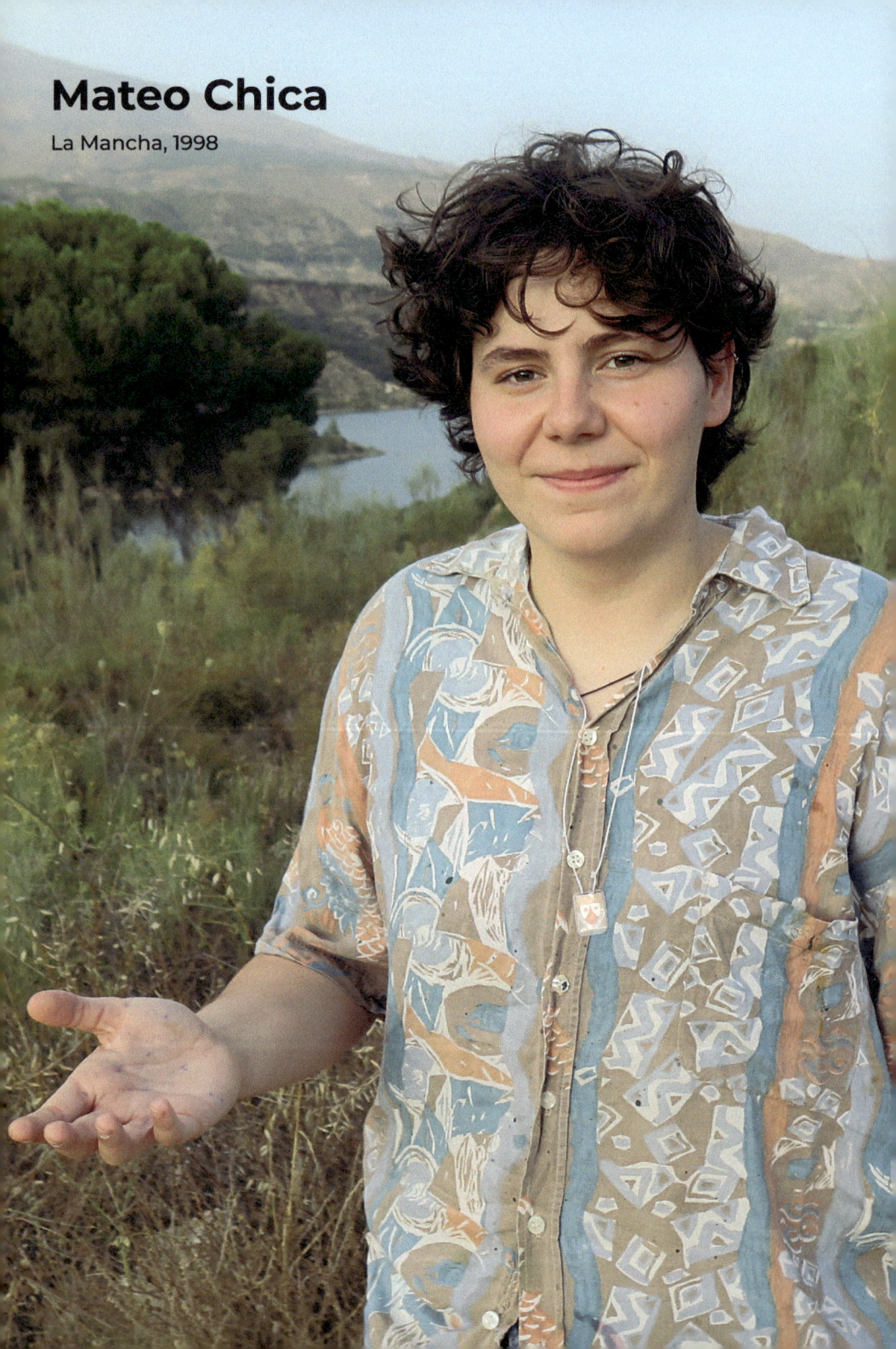

Mateo Chica

La Mancha, 1998

Graduado en Bellas Artes y Master de Producción e Investigación en Arte por la Universidad de Granada. Ha realizado cursos como Laboratorio Arte y Escritura (II ed.), con Isabel de Naverán, y Fábrica de Cultura Popular en el Albaycin, impartido por Jordi Carmona.

Su interés se focaliza, en la creación de ficciones derivadas de la cultura popular de España, utilizando el "embuste" como herramienta de sus relatos. Es el "deseo por el archivo" el que activa sus producciones artísticas y multidisciplinares. Tejer historias que se vean atravesadas por la oralidad le lleva a un trabajo basado en parte en la investigación experimental.

Ha sido seleccionado en Programas de Residencias de creación como: Los Tientos 2021 y Alraso21 (ambas en Granada). También ha recibido becas de investigación por *Orar, coser y lavar*, Programa de Apoyo y Fomento a la Investigación en Materia de Igualdad 2020.

Ha participado en exposiciones colectivas como: *los Tientos 22* en La Corrala de Santiago, Granada 2022; *Jondos21* en la Sala Ático del Palacio del Almirante (Universidad de Granada); *ART JAEN 2021* en el Museo Provincial de Jaén y *Te acuerdas de Mufy?* en RaRa Residencia, Villanueva del Rosario 2022.

También tiene publicaciones: *Sostenibiliz[art] 2020*, *Identidad en la sala*, *Patea*, *El vuelo/ el suelo*, *El Postalero 21/22* y *Jondos 21*, son algunos de los catálogos en los que se refleja lo anterior.

Mateo has a BFA and an MA in Artistic Production and Research from the Universidad de Granada. He has taken courses such as Isabel de Naverán's Art and Writing Lab (2nd ed.) and Jordi Carmona's Pop Culture Factory in the Albaycín.

He is mainly interested in creating fictions derived from Spain's folk culture, using "fabulation" as a tool in his narratives. Chica's multidisciplinary art productions are activated by the "desire for the archive". Weaving tales permeated by oral expression has led him to develop an oeuvre partly based on experimental research.

Mateo Chica has been selected for artist residency programmes like Los Tientos 2021 and Alraso21 (both in Granada) and received research grants as part of the *Orar, coser y lavar* project, via the 2020 Programme to Support and Promote Research on Equality.

Mateo has participated in several group shows, including *Los Tientos 22* at La Corrala de Santiago, Granada 2022; *Jondos21* at Sala Ático, Palacio del Almirante (Universidad de Granada); ART JAEN 2021 at the Museo Provincial de Jaén; and *Te acuerdas de Mufy?* at RaRa Residencia, Villanueva del Rosario, 2022.

His creative experience has also been documented *Sostenibiliz[art] 2020*, *Identidad en la sala*, *Patea*, *El vuelo/ el suelo*, *El Postalero 21/22* and *Jondos 21*, among other catalogues.

CORRESPONDENCES

Seville. 4 June 2023.

Good afternoon, dear Marisa,

This village has a secret that I can't quite decipher. In an abandoned house I found a box full of painted glass pieces that I suspect are for a projection of some type, they look like fairytales but not quite, they don't have… how would I put it… an amiable tone. They seem to be "religious" representations. Maybe you can tell me a bit more about these kinds of illustrations or if you can find an order in them. They must have been used for entertainment. Doesn't the presence of so many birds seem odd to you? I fear there's something with them and possibly with a female figure who's watching them. Look at how the flowers are drawn.

Fond regards.

Mateo Chica

Granada, 10 June 2023.

Hello my lovely:

I've always thought you were a lucky creature, which is why wonderful things come your way, and you, of course, have what it takes to be in the right place, always attentive to those encounters.

I've pored over the material you sent at length, and two things really jump out at me. The birds, which certainly do seem to be searching for something, and the flowers, as you call them, although I think they're something else. To me they look like a Plantago, more specifically the famous snow star or snow rose. This very delicate plant endemic to the Sierra Nevada was discovered by a Swiss man one July in the 1800s, who christened it Plantago nivalis Boiss, Boiss being a snippet of his surname Boissier, which has been attached to the native species ever since. It's curious because snow stars also cling to the ground so they won't be carried away by the fierce winds of the high peaks, hugging it so close they almost look painted on.

This beautiful creature grows above an altitude of 2200 metres on the edge of the borreguiles, as those strange, plush, high-mountain pastures are called. Shepherds call them "snow stars" because they look like silvery little cushions blooming amid the green of the borreguiles. They say the earth wants to look like heaven and is trying to reflect or imitate the stars. Interestingly, local legends have dubbed both the snow star and edelweiss flowers of eternal love. Lovers would give them to each other as a sign that their love would never wither, like the furry leaves of the snow star, which are perennial despite the extremely harsh weather conditions it has to endure. Like love, its blooming happens in a heartbeat, at the beginning of summer, and it's so rare and difficult to observe that it almost feels like a carefully guarded plant secret. Today giving one of these stars would be a heinous act because it's a protected species and cannot be picked.

You know, it's actually a bioindicator of the mountain ecosystem's health. It's also the symbol of the Sulayr Trail, Sulayr being what the Arabs called the Sierra Nevada, "mountains of the sun", referring to the east-west path that the sun travels during the day. It's surprising how the heavenly bodies, the stars, sun and moon, day and night and, of course, love are all encapsulated in one tiny, furry, inconspicuous plant.

Come to think of it, Latin authors took the word plantago, meaning "like the sole of the foot", and gave it to these plants whose wide leaves have lines similar to the ones on our own feet and hands... Do you think another kind of destiny could be read in the lines on the soles of our feet? Or in the lines on plant leaves?

I just had an interesting thought about the birds. Did you know that the snow star or rose is related to the ribwort plantain (Plantago lanceolata)? This plant, also commonly known as "birdseed" in Spain, has been used for medicinal purposes since ancient Greece. In fact, European colonisers brought it to the New World in their remedy kits. Its healing properties had been known for ages, but it was also believed to have the mystical power to protect a person's property and body. I'm not at all surprised that birds should take an interest in such a plant; they too have been assigned the role of guardians and messengers.

Good luck on your quest, I'm sure everything will work out perfectly for you. Fondly,

Marisa Mancilla

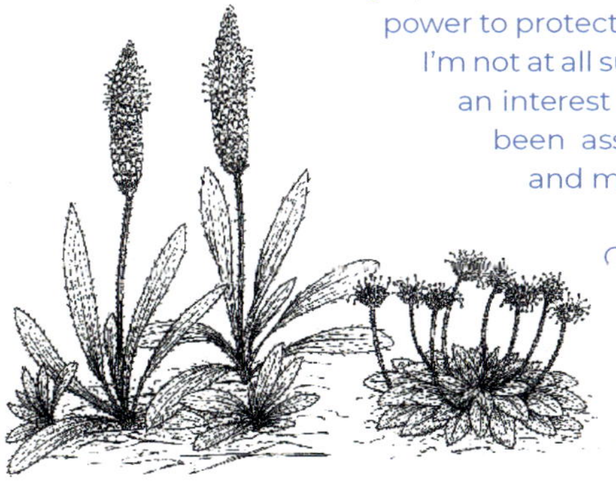

Fig. 1 Plantago lanceolata and Plantago nivalis Boiss. Marisa sent me this image and writes: look, the cousins side by side.

Seville, 21 July 2023.

Hello again, Jesús!

As we discussed earlier, I keep turning up new documents, only this time they're home videos, probably shot by some documentary filmmaker. I translated the contents based on the typewritten script; I don't know if it's exactly what they're saying, but if it is, I find the story fascinating. It's peculiar, far-fetched in my opinion. I haven't found a trace of the flower, much less been able to guess at its properties. I sense something secretive in the documentary, something that's not made entirely clear... I'd be interested to know what you make of it.

Mateo Chica

Granada, 1 August 2023.

I just watched it. At first I couldn't open it, but then it made a strange noise (like discreet flatulence) and I could see it. When you told me you were going to trick that old man so you could get into his house and rummage through his stuff, I never thought you'd find something like this. In fact, I thought you were after the walking sticks and medals, what you usually go for. As for this, which I agree does look like a documentary, I think the end scenes were filmed in hiding. That flower-girl's mannerisms aren't normal, and when she's washing herself it's not just to freshen up, it's like ablutions in order to enter the concave caves, there are references to the industries of removing and placing things in the world from the depths of flint and guano. Some very sketchy stuff is venerated there, and those three women live off that.

I don't know if we should have seen all this, Mateo. I think the women who appear only let themselves be seen because they're planning to make sure no one ever sees the footage. When Sibyls laugh, it's because they're seeing the future. Get some dog hair and, before you go to bed, arrange it on the floor in the form of a cross and burn it with alcohol and rosemary for your own protection. I heard that from an uncle of mine who was a junkie but very well read. And when you do it, make sure all the drawers are closed.

Speaking of hair, the thing with your guinea pig was my fault because I accidentally sat on it. The poor thing crapped itself, but I cleaned it up. If I stored it in the fridge wrapped in aluminium foil, it was out of respect, not perverse pleasure.

Anyway, I'll see you soon to wrap up the business with that old man.

Jesús Zurita

Seville, 17 August 2023.

Good afternoon, Pedro,

This village has a secret that I can't quite decipher. The photos I'm sending are from Aunt Isidora and Aunt Consola. They say in the documentary that the images are old, but the really disconcerting thing is that the women in the photos are them (looking just as they do today) even though they were taken in the year 1900. The flower's beauty is undeniable; it bears a certain resemblance to a carnation, but these flowers are enormous and have a star on top. We couldn't go to see them in person because they're kept under wraps on the mountaintops. I find it odd that there are no men in the images.

Mateo Chica

Granada, 21 August 2023.

Patrocinio Eslava, my mother, says that on Count Federico's estate, where the big fat olives grow, in the pretty part of the Vega or plains that can be seen from what is now the Carmona Parador, there was a variety of olive that could only be harvested during the second fortnight in October, because otherwise the olives would turn black and fall from the tree on the night of November 1st. Can you believe it? In a single night, the fruit would darken, go black, fall and shrivel up. They called them stone olives because they were so firmly attached to the branches that they had to be picked one by one. It would seem they didn't want to become olive oil. Can you imagine? An olive that doesn't want to become oil, that doesn't want to be pressed or milled, but that also doesn't want to be served on a table after spending several months in a vat, sliced so that the brine can permeate their flesh and soften it up enough for our teeth to chew. Those olives were true heroines. Heroines of green stone, of living stone.

Pedro Ordóñez

ON HOW TO FABULATE
María Terrón Caracuel

Fabulation

We embroider on stories
for want of fantasy:
the truth is also invented.

Antonio Machado

Mateo Chica constructs his fictions using what he calls the "fabulation method". The theoretical basis of this method is something that flamenco singer Benito Rodríguez Rey, known as "El Beni de Cádiz", said when he was being interviewed by Jesús Quintero for the first episode of the talk show "El perro verde", broadcast by TV in 1988. After a friend told him a bizarre tale, El Beni asked him if it was true, to which the friend replied, "Mate, it's a lie as big as the sky, but you know why I told it, Beni? To entertain you."

When that redoubtable character died, Jesús Quintero dedicated a chapter to him in his book *Memorias del loco*, a compilation of the highlights of all the television interviews he had done over the years, which were many.

> I've always been drawn to charlatans, fabulists, storytellers who went from village to village, turning mendacity into an art. Antonio Machado said that the truth is also invented, and I can say without a doubt that I've never met anyone better at inventing the truth than El Beni de Cádiz.

It's hard to tell if El Beni's memories were true or not; what we do know is that at least some of them had a foothold in reality. I have to mention El Beni's impressive talent for acting out a story. His words were liberally seasoned with a stunning variety of gestures, expressions, imitations, stagings and onomatopoeic sounds that held whoever was watching and listening in total thrall until riotous laughter broke out. His tales were always timely and different each time he told them. According to his professional colleagues, El Beni also improvised his vocal performances. "He never sang the same way," flamenco singer Ranacapino recalled. Occasionally, his penchant for hyperbole or his unpredictable personality would give the game away, but it didn't really matter, because in his case the truth had no value. As Raúl Rodríguez Ferrándiz says, "Fabulists lie elegantly in the expectation of being found out."[1]

Practically everyone in Spain has heard about the time when he told Quintero how he'd met Scottish scientist Alexander Fleming, the inventor of penicillin, at a party. Fleming looked at him with enormous eyes, "big as Land Rover headlamps", and El Beni, with a reverent gesture, exclaimed, "You magnificent beast!" And to back his story up, he told the interviewer, "It's all true, just ask Lola Flores and she'll tell you." According to him, it was Lola who introduced them.

Lola Flores is no slouch herself in the fabulating department. Known as La Faraona, meaning "The Female Pharaoh", Lola once claimed that a critic for *The New York Times* had written of her American tour, "She can't sing, she can't dance, but don't miss her!" That phrase was etched in our collective memory so deeply that, if you grew up in Spain, you've probably heard or read it a thousand times. Yet those famous words were never actually published in the newspaper. "When I utter lies, I turn them into truths," Lola once declared on the show "Cantares".

There's something noble and lovely about fabulating for, unlike lying, it's always well meant. As we've already seen, fabulation aims to entertain and is often accompanied by a keen sense of humour. It generates fictions and auto-fictions, since the fabulist tends to be the star of their own story on a quest for public recognition. Moreover, it is closely related to oral tradition and, by extension, to flamenco culture. I think of it as something like a blend of tradition and entelechy or, more fascinating still, a benign invention that works like a metaphor, expressing a truth through fantasy.

Words

Mateo Chica's love of the written word stands out in everything he has ever made. He mingles words and images in this exhibition to tease us with fabulations, but also to enlighten us. In the documentary *Las sembradoras* [The Sowers], we see that the characters are speaking, even though we can't hear them. We can follow what they're saying in the subtitles, but the accompanying soundtrack is instrumental music that only synchronises with the dialogue at the

---

[1] Rodríguez Ferrándiz, R., (2018), *Máscaras de la mentira: el nuevo desorden de la posverdad*, Ajuntament de Valencia, p.73.

very end, calming us with a lullaby. The overall effect is a feeling of faint bewilderment or alienation. If we pay attention, we realise that the actors' lip movements do not match what the subtitles want us to believe they are saying, even when their gestures and expressions do. It takes a special kind of subtlety to achieve that.

Yet malicious deception is not the artist's intention, as evidenced by the fact that the documentary's script is also on display in the gallery. Although the visibly aged paper and the fact that it was written on a typewriter might make us think the script actually dates from the period in which the film is set, we mustn't overlook the fact that the dialogues it contains are supposedly spontaneous conversations between the women appearing in it.

As I've already pointed out, the goal of fabulation is not continuity but annunciation. With no room for error, Mateo insists. An initial text provides some background on *Las sembradoras*:

> Spring 1963.
>
> A foreign documentary filmmaker, whose name we have not been able to obtain, confirms the existence of an unknown or off-the-grid community in Andalusia. The inhabitants of this remote place have traditions that are rather unorthodox for the time. "The sowers", these women were called.
>
> We know their first names, but their origins are uncertain. The place's location on the map is never mentioned. We don't know if the women are still living there today, separate from our world, tending their beloved rose.

Immediately after this text, another reveals the fabulation:

> —Mate, is all this true?
> —It's a lie as big as the sky, but I told it to entertain you.

And finally:

> All the material you are seeing in this exhibition is indeed fake. It was created by means of fabrication, i.e., a creative lie that uses imaginative inquiry to achieve a habitable fiction

The artist not only asks us to give in to the pleasure of the fabulation, but also invites us to delve into imaginative research. He is showing us the method to use, as oral tradition and all traditions generally do, passing on knowledge which in many cases is internalised through play and festive celebration.

Illuminations

Oral tradition is a cornerstone of Mateo's creative activity. People say that something only exists if it is named or, as Heidegger believed, that we become aware of something when we name it. Pedro Ordóñez said that the places of memory are reached by steep and winding paths, and that the mechanisms of both individual and collective memory are based on the ability to narrate and share a traumatic event.[2] "The fictions I imagine and believe are, in my view, illuminations of the past manifested through my mouth,"[3] Chica says.

Mateo is captivated by little stories, anecdotes of the ordinary. Perhaps his interest in tradition and folklore is a product of the close relationship he had with his grandparents. Due to the impossibility of balancing a career with personal development and family life in our country, grandmothers and grandfathers were the primary caregivers for many people of our generation. I know, because he told me, that Mateo's grandparents are very important to him, and his memories of the time he spent with them as a child underlie many of his works. We seem to have inherited a nostalgia for a past that was never ours, a past that our grandparents lived through and passed on to us in stories which, I imagine, they told not just to reminisce or teach us valuable lessons but also, as El Beni said, to keep us entertained. Oral tradition again. During one of our chats, Mateo told me that he used to put on shows for them: he would sing, play bullfighter with the family dog (though the dog always came out on top) or memorise poems to later recite them and earn the applause he craved from his select audience. This may explain Mateo's penchant for performance.

Artifice, tradition and fakelore

Today there is a renewed interest in folklore in Spain, which is being manifested in many different ways in our culture. It may be too early to pinpoint the exact origin of this trend, although the younger

---

2 Ordóñez Eslava, P. *Apología de lo impuro. Contramemoria y f[r]icción en el Flamenco contemporáneo*. CIOFF/INAEM, 2020, p. 24.

3 Chica Blázquez, M. Unpublished work supplied by the artist.

generations —Gen Z, including Mateo himself, and the Millennials— have clearly put a much more positive spin on it than their elders, for whom the memory of the Franco regime's efforts to forge a "single Spanish identity" tied to very specific political and religious ideas is still too close for comfort This cultural revival of folklore might also be a form of rebellion against the aesthetic uniformity imposed for several years by globalisation, although I don't mean to imply that the phenomenon is limited to the realm of appearances. Quite the opposite: its roots run deep. In any event, the fact is that a new symbolic imagery of ruins has emerged, where we are collectively examining and deciding which things have value for us, which ones we want to preserve and which we do not.

In this respect, flamenco art incorporated and projected a reflection on identity and its role in history and politics since it first emerged as an artistic system and field of production in the mid-nineteenth century. Flamenco singers like Enrique Morente, José Menese and Manuel Gerena salvaged "the individual and collective memory of the civil war for the vanquished, whose memory was hidden during the Franco years, when the victors were only ones free to remember collectively and symbolically in public commemorations of the conflict."[4]

While we're on the subject, we might also mention counter-memory: "Counter-memory looks to the past, to the stories that have been concealed and excluded from mainstream narratives."[5] This idea underscores the need to search for alternative narratives constructed on the sidelines, on the fringes, at the local level, "from the memory of outlying regions or socially and historically marginalised groups [...] which Peruvian curator Miguel Ángel López observes in 'opposing' artistic practices: cheating on history, betraying it, taking control of its narrative apparatus." I might also mention microhistory, which breaks away from the hegemonic discourse and therefore permits new and often creative readings.

That new conception of folklore is being pushed by the arts, promoting and establishing new symbolic imagery in society. And, as occurred in the twentieth century, the politics of simulacra are situating it in an opposing identity framework: in dissidence.

---

[4] Ordoñez Eslava, P. *Op. cit.*, p. 16.

[5] López, M. A. *Robar la historia. Contrarrelatos y prácticas artísticas de oposición.* Quoted in Ordoñez Eslava, P. *Op. cit.*, p. 25.

In an interview published in *El Salto*, Paul B. Preciado said:

> When you're outside the norm, if you want to survive, you have to construct yourself with political imagination, you've got to build yourself with fiction [...]. Imagination helps you to resist normalisation. Not only because you imagine yourself, because you use it as a kind of model and then construct yourself, but because it's a narrative that allows you to survive the norm.

In my opinion, the foregoing is closely related to the work of José Pérez Ocaña, known artistically as Ocaña. The doyen of Catalan counterculture, Ocaña re-appropriated the religious iconography (which he called "fetishes") that dominated the imagery of his native Andalusia from a marginal position. The oppressive totalitarian regime persecuted and drove him out but could not steal his memories of the joyous popular festivities that filled his works. Flamenco, which he learned from the women of Cantillana, the village where he was born, and the role it played in sacred and secular celebrations, along with an iconography rooted in Andalusian folk culture, informed his artistic discourse.

Tradition has a large element of artifice. According to Eric Hobsbawm, the term "invented tradition" refers to

> a set of practices, normally governed by overtly or tacitly accepted rules and of a ritual or symbolic nature, which seek to inculcate certain values and norms of behaviour by repetition, which automatically implies continuity with the past. In fact, where possible, they normally attempt to establish continuity with a suitable historic past[6].

Historical fiction began with the invention of writing, as the Epic of Gilgamesh attests.[7] But the debate coalesced into theory with the nineteenth-century drive to construct the nation-state.

> Countless popular traditions (folklore) owe their existence to twentieth-century political interpretations of the concept of "people" or "nation" based on a society's legendary origins.

---

[6] Ho Hobsbawm, E. and Ranger, T. *The Invention of Tradition.* Cambridge University Press, 2000, p. 1.

[7] Dated to between 2500 and 2000 BCE.

Many are outright inventions modelled on hazy memories of old customs. Richard Dorson called such inventions "fakelore" in his seminal work on how ethnologists interpret certain traditions[8].

This trend has continued to the present day, in science and especially in the arts. Anthony Grafton claims that the fake has played a pivotal role in the history of politics, religions and literature, to the point of shifting the focus from the word's actual definition to what it might signify, as creative forgery can be an effective form of criticism. The same can be said of tall tales or invented traditions. Fabulation, forgery, simulation, artifice, and fiction-posing-as-fact all have many common traits, but I would like to point out that these different types of "fakery" also allow artists to study new forms of truth.[9] Mateo Chica's imaginative inquiry is a case in point: the project's appearance of academic propriety is undermined and parodied by the constant oscillation between veracious and fallacious, eluding its stated purposes, and yet the final thesis is not spurious. If we examine the etymology of "fiction" and "feign", we find that both come from the Latin *fingere*, meaning "to mould" or "to shape" —in other words, to create or imitate the appearance of something—.[10] That process of imitation or pretence necessarily involves fiction, which can mean "invention" or "feigned thing"; therefore, the initial model will always differ from the imagined or imitated result, which is an adulterated version of the "original".

Archive

From the last third of the twentieth century to today, exercises in memory have found the archive to be a creative means of "collecting and transforming hidden, fragmented or marginal historical material into physical, spatial fact".[11] It is also a legitimising format for cultural history and a system of "enunciability" through which culture speaks of the past, as philosopher Michel Foucault noted[12].

---

[8] Marzo, J.L., (2018), *La competencia de lo falso*, Ediciones Cátedra, Madrid, p. 104.

[9] Marzo, J. L. *Op. cit.*, pp. 65–69.

[10] Rodríguez Ferrándiz, R. *Op. cit.*, p. 67

[11] Guasch, A. M. "Los lugares de la memoria: el arte de archivar y de recordar", *Revista del Departamento de Historia del Arte*, Universidad de Barcelona, vol. 5, 2005, p. 157.

[12] *Idem.*

In this and his earlier works, Mateo Chica has based his praxis on an archive that cosily coexists with the genres of autobiography, autofiction and performance. *Las sembradoras* is presented as found footage, even though it was actually meticulously crafted. It contains the clues to interpreting a hitherto unknown tradition. On the one hand, the documentary offers first-hand testimony from the individuals who have maintained that tradition We generally believe that photography and video/film are the media that most resemble reality, even though images are just as effective at perpetuating falsehood as words. On the other hand, the images projected with the magic lantern make the audience automatically situate that tradition in the distant past; it is no coincidence that they resemble medieval illustrations and are being shown on an antiquated analogue machine. At the same time, we cannot precisely identify the exact period of that distant past.

All of the pieces in this exhibition serve as documents that attest to a given reality and support the fabulation. Yet, as the artist Joan Fontcuberta once said, it is still just "a fiction with the appearance of truth that infiltrates data transmission devices and adopts the guise of a familiar, recognisable genre".[13] Thus, the photographs shown in the gallery are actually photomontages, "true" documents that have been adulterated by the artist.

The archive is subject to the subjective gaze of the people who observe it, because it is made up of fragments and therefore requires interpretation. As Georges Didi-Huberman pointed out, the lacunar nature of the archive makes it an inexhaustible source of new readings. Moreover, in this case we must consider that Mateo's pieces are predicated on his particular symbolic imagery, meaning that many of the personal codes and symbols he uses are even more open to interpretation.

Inventing truth

Someone once said that surrealism is the realism of the south (*sur* being the Spanish word for south). In literature and cinema, magic realism is often used to highlight the traditional appeal of a particular region, in this case Andalusia. The rite depicted in *Las sembradoras* purportedly began with what sounds like a magical occurrence.

---

[13] Fontcuberta, J. Quoted in Ordoñez, *Op. cit.*, p. 74.

Originally, the nameless town was divided into two villages that fought over the *Rosa Mutabile* ("mutable rose") until La Mangara, guided by an ancient force, discovered that women should be birds to protect the bloom of contention—"it was a fearless woman who had worked out the mystery"—and turned into one herself.

Desi, mistress of the birds and leading expert on the flower, taught the following generations to keep the tradition going. Once of the local women says that there are no churches in the town and their traditions are all pagan. What we know is that this little town seems to be in Andalusia, historically rich in magical mysteries and practices whose singularity gives this region such a distinctive identity. In Andalusia, witches were not called *brujas* but *hechiceras* or charmers, as many of them were, oddly enough, devoutly religious even while performing their pagan rituals. The discourse of these women, far from random, is connected to certain dynamics that exist in the domestic sphere. The female guardians of those customs and knowledge protect them from the outside world by taking a vow of silence: "Its [the rose's] properties are unique, but I can't tell you about that," says the Sibyl. The spells are whispered.

All this generates a collection of cultural artefacts that may seem bizarre to outsiders, but for insiders they channel, through metaphor, emotions and teachings which can never be explicitly mentioned to the rest of society and yet are vital and necessary for survival. The people who participate in that secret lodge will walk on the fringes. And there is another important issue here related to choice: no one chooses to live in the margins—they are forced to—but sometimes they do have a choice about how to live there. "If we don't take care of each other, no one will" and "we ladies take care of our own" the sowers repeatedly avow.

Mateo's grandmother, Desi, always used to sing him a popular song that is slightly different in each part of Spain:

> They say shepherds reek of suet,
> but my shepherdess is rosemary sweet,
> come down from that balcony, girl.
> For if you don't, lovely flower,
> I'll have the law fetch and bind you
> in the fetters of my love...

TD-10